≡ 昌明文庫・悅讀人物 ≡

你所不知道的

蘇東坡

劉敬堂 著

目　錄

CONTENTS ————————————————————

序 001

前言 001

第一章　寫了三個字，就贏得少女芳心 001

第二章　一篇杜撰的文章，令天下人傾倒 027

第三章　山魈不可怕，可怕的是自己的旅伴 045

第四章　老禪師圓寂之前，將化金方送給了他 059

第五章　王弗駕鶴西去了 085

第六章　幾副楹聯，就讓外國使臣甘拜下風 101

第七章　宴會上，有位十二歲的歌妓　123

第八章　填了一首〈賀新涼〉，解救了一位風塵女子　151

第九章　蘇小妹徵詩招婿是假的，琴操剃度為尼卻是真的
169

第十章　一份天下獨一無二的死刑判決書　189

第十一章　窗前站著西子的倩影　211

第十二章　出城獵野兔，終於擒獲了「何四兩」　235

第十三章　黃河大決口，徐州城固若金湯　259

第十四章　抗洪功臣轉眼成了階下之囚　285

第十五章　在烏鴉的聒噪聲中走進地獄之門　311

第十六章　烏史臺和紫禁城，進行著絞殺和營救　335

第十七章　初貶黃州，便有了「東坡居士」的名號　359

第十八章　海棠詩會、百年老梅以及「潛逃的罪犯」 389

第十九章　癡情的超超注定是悲劇角色 411

第二十章　一進京城，就看到了華燈下的刀光劍影 437

第二十一章　為了看到君王的模樣，舉子竟成了和尚 461

第二十二章　章治湖築堤，築出了一個動人的故事 487

第二十三章　惠州有一位「散花天女」，香火不斷 513

第二十四章　情滿桄榔庵 535

第二十五章　巨星殞落 563

參考文獻 574

第十四章

抗洪功臣轉眼成了階下之囚

1

　　蘇軾到了湖州之後，便以官員到任的慣例向神宗皇帝寫了一篇〈湖州謝上表〉，爾後便巡察各縣、瞭解民情去了。因湖州盛產水稻，各地往往因爭奪水源發生糾紛。於是，他又去考察水利，處理了幾起爭水引起的官司，一直忙了一個多月，才回到湖州與家人過「七夕」節。

　　「七夕」又叫「乞巧節」，民間認為，天上的織女聰明又多才多藝，七月七日這天，女孩子向織女乞討智巧，能變得眼明手靈。每到「七夕」的晚上，她們便在院中聚會，穿新衣、擺香案、供祭品、拜雙星，穿針引線、搭結綵縷，十分熱鬧。晚飯後，蘇軾一家人坐在在院子裡，女僕們在焚香遙拜天上的銀河，蘇邁和兩個弟弟正在旁邊逗蟋蟀，王朝雲對蘇軾說道：「老爺忙了一個多月，賤妾為你彈支曲子吧。」

　　蘇軾坐在石凳上一邊品茶，一邊搖著葵扇，聽王朝雲一說，問道：「你想唱支什麼曲子？」

　　王朝雲：「就唱你在錢氏園寫的那首〈南歌子〉如何？」

　　這首〈南歌子〉，是蘇軾為兩位朋友送行時在「錢氏園」寫的一首詞。他說道：「好啊，就唱這首吧！」

　　王朝雲連忙回房取來焦尾琴，調了調絲絃，邊彈邊唱起來了：

　　山雨瀟瀟過，溪橋瀏瀏清。小園幽榭枕汀，門外月華如水、彩舟橫。

苕岸霜花盡，江湖雪陣平。兩山遙指海山青，回首水云何處、覓孤城？

雖然王朝雲的聲音不大，但唱得委婉動情、悅耳，歌聲在如水的光色中裊裊飄蕩著。

就在蘇軾享受天倫之樂的「七夕」之夜，京城汴河橋畔的一座庭院裡，有人正在悄悄編織一張罪惡之網，這張網是為蘇軾量身定做的。

御史中丞李定，正在書房裡認真閱讀蘇軾的〈湖州謝上表〉。一提起蘇軾，便會勾起他心中隱藏了多年的怨恨。當年，蘇軾得到神宗皇帝的青睞，人氣極旺，他以為蘇軾今後必將飛騰發達，便去鳳翔拜訪他，以求增進交往，還請他為自己的仕途說幾句話、幫一把力，誰知碰了個軟釘子！為了巴結王安石，他曾去蘇軾家中討要「化金方」，又被蘇軾奚落了一頓！而更令他難堪的是，蘇軾曾在眾人面前彈劾他隱瞞母喪、不報丁憂，是「不忠不孝之人」，那個司馬光也隨著蘇軾起哄，怒斥他「禽獸不如」！這些舊事已成了他刻骨銘心的奇恥大辱，但因為當年尚未得勢而難以與蘇軾抗衡。後來他攀上了王安石這棵大樹，出任御史中丞，終於有了報仇雪恨的機會！為了抓住蘇軾的把柄，他已悄悄收集了蘇軾的一些罪證，但缺少足以扳倒蘇軾的重大證據，沒想到蘇軾自己卻將罪證送上門來了！

蘇軾在他的〈湖州上表〉中，有「知其愚不適時，難以追陪新進；察其老不生事，或能收養小民」之句。李定認為，這是兩句別有用心的話，抓住這兩句話不放，彈劾他愚弄朝廷、妄自尊大、詆毀新法！

這時，門房來報：「御史何正臣大人求見！」

「七夕」之夜前來造訪，必有大事。李定連忙吩咐：「將何大人迎進客廳，我即刻便去。」

何正臣是王安石的學生，因二人都屬新法派系，彼此私交頗深。

李定一進客廳，何正臣連忙站起來，說道：「下官打擾大人過『七夕』節了。」

「哪裡、哪裡，下官閒暇，正在看書，大人來訪，定有要事。」他向送茶的僕人擺了擺手，示意他迴避，接著說道，「此處無耳，請大人直說無妨。」

何正臣低聲說道：「下官為大人覓得了一樣東西。」說著，從衣袖中掏出一本書來，雙手交給了李定。

李定接過一看，見封面上印著《蘇子瞻學士錢塘冊》。這是蘇軾在杭州任通判時的詩詞結集，因大家都十分喜愛他的作品，杭州的一些友人和學生們便將其收集整理後，在坊間刻印。因印數不多，蘇軾至今還沒見到呢！

李定匆匆翻閱了一會兒，把桌子一拍，大聲說道：「好，白紙黑字，這就是蘇軾的不赦之罪！」

何正臣：「請問大人，憑這本錢塘冊，不知能否彈劾蘇軾？」

李定：「此事僅憑你我等人，尚難撼動蘇軾，須與章惇、王珪和呂惠卿三位大人商量之後，才有把握。」

何正臣知道章惇是蘇軾的老對頭，呂惠卿因蘇軾斬了他的外甥尤洛而心恨蘇軾，但王珪是三朝元老、圓滑平庸，他肯出面彈劾蘇軾嗎？

李定笑著說，蘇軾自恃才華出眾而樹敵太多。當年，王珪看到自家院子裡的一片竹林長勢茂盛，聽說蘇軾十分愛竹，曾寫過「寧肯食無肉，不可食無竹」的詩句，於是也寫了一首詠竹的五絕，其中就有「葉垂千把劍，幹聳萬條槍」的句子，覺得十分得意，便請蘇軾指教。蘇軾本來可以說幾句不痛不癢的溢美之詞、應付過去就算了，誰知他當著在朝房裡候朝官員們的面說道：「宰相大人家中的竹子，豈不是十棵竹子才生一片葉子？這樣的竹子天下少有啊！」

王珪聽了，十分尷尬，自此之後，一直對蘇軾耿耿於懷，他能不恨蘇軾嗎？

何正臣又問：「何時可彈劾蘇軾？」

李定：「此事非同小可，須做到萬無一失才好。這樣吧，國子臨博士李宜之不是大人推薦入朝的嗎？」

何正臣點了點頭。

李定悄悄向他說了一會兒，何正臣會意地笑了。

士別三日，當刮目相看。此時的李定已不是被蘇軾斥為「不忠不孝之人」、被司馬光怒　「禽獸不如」的李定了，他已修煉成了玩弄權術的高手。他拜師王安石之後，中了進士，先後任定遠縣丞、秀州

判官。熙寧二年經孫覺推薦、進京拜見御史李常時，李常問他：「江南百姓如何看待朝廷的青苗法？」

李定說：「青苗法有利百姓，百姓還是喜歡的。」

李常提醒他說：「如果朝中有人爭論青苗法時，你千萬不可這麼說。」

他聽了，連忙點頭。

他從李常家中出來之後，立刻去見王安石，並對王安石說：「下官是個敢說實話的人，沒想到京城有人不許下官講話！」

王安石對他十分欣賞，立即將他引見給神宗皇帝。神宗本來對天下百姓是否擁護青苗法尚有疑慮，聽了李定的話之後，便對推行青苗法深信不疑，而對反對變法的聲音則聽不進去了。

自此，李定便有了一大筆政治資本。

接著，朝廷裡發生了一起「三舍人事件」，又讓李定出盡了風頭。

王安石為了選拔人才推行新法，請求神宗皇帝破格提拔李定。神宗同意後便讓中書舍人蘇頌起草破格提拔的詔書，蘇頌以為李定不符合官員選拔程序，便把神宗的詔令封好，並寫明原因，退回去了。

宋神宗又將詔令發到中書省，讓當值的中書舍人宋敏求起草詔書，宋敏求也以為不符合提拔程序，也把詔令退回去了。

王安石十分生氣，又出面懇請神宗皇帝下詔破格提拔李定，誰知宋神宗的第三次詔令又被當值的中書舍人李大臨退回去了！

宋神宗立即召見蘇頌，當面對他說，破格提拔李定不屬越法，責令他從速起草詔書，但蘇頌仍然不肯。

宋神宗極為生氣，在朝會上他問蘇頌：「朕讓愛卿起草詔書，愛卿至今未能擬出，實屬故意拖延，這屬不屬於失職之罪呀？」

蘇頌跪在地上，毫無懼色，堅持說道：「陛下，下官是沿襲大宋先祖之規履行職責，也是一個臣子應持的操守。」

散朝後，宋神宗又派宰相曾公亮去說服蘇頌，但蘇頌仍然堅持自己的觀點。

宋神宗實在忍無可忍了，一氣之下，將蘇頌、宋敏求和李大臨三位中書舍人全部免職！

中書舍人是負責起草詔令的重要官員，為了一個李定，一下子免了三位中書舍人，這是前所未有的政治事件，立刻驚動了朝野。

而李定卻是這一事件的最大獲益者。

李定精心編織的那張陰謀之網，在「七夕」之夜終於完成了，緊接著就是選擇撒出去的時機了。

2

元豐二年（1079年）七月十五日，寅時剛過卯時未到之際。汴京的紫禁城裡靜悄悄的，一行人沿著一條青磚甬道向崇政殿走去，當走到一盞宮燈下面時，才看清是些身穿朝服、手執笏板的文武官員們。他們走到大殿門口，便列隊站在階前，分為文武兩行，文東武西、按官階魚貫進了大殿，分列於大殿兩側。

站在文臣佇列中的何正臣悄悄拉了拉李定的衣袖，低聲問道：「李大人，他來了嗎？」

李定向後看了看，點了點頭。

這時，聽見內侍宮人喊道：「陛下駕到！」

大臣們連忙跪下迎駕。

宋神宗正值青春之際，他勵新圖治、立志變法，每天都起的很早，以便處理朝廷的軍政大事。他在御座上坐下之後，朝當值的內侍殿頭點了點頭，內侍殿頭拖著長腔喊道：「文武百官聽著，有事要奏者出班——」

他的話音未落，文官班列的最後邊有人喊道：「微臣有本要奏！」

文武百官們轉頭一看，原來是國子監博士李宜之。李宜之自入朝以來，因官階太低，從未出班奏事，他既不執掌朝廷大事，又不接觸邊防軍事，不知他要在神宗面前奏些什麼？

神宗說道：「不知李愛卿要奏何事？」

李宜之：「微臣受社稷之恩、蒙陛下厚愛，深感皇恩浩蕩、陛下聖明。但有人妄論君臣之道，蠱惑人心、傳播謬毒，令臣心中忿然。」

文武百官們聽了，都大吃了一驚，誰有如此的膽子？他說的是誰啊？

他的話也弔起了宋神宗的胃口，說道：「請李愛卿到前面來說吧！」

李宜之有些膽怯，正猶豫時，李定向他示意，他連忙彎著腰走到班前，說道：「臣日前路過南都時，在張氏園中看到了石勒〈張氏園亭記〉，乃湖州太守蘇軾大人所作，其中有『古之君子，不必仕，不必不仕。必仕則忘其身，必不仕則忘其君。」他頓了頓，顯得有些激動，大聲說道：「微臣以為，天下之人仕與不仕，皆不敢忘其君。身為朝廷命官的蘇軾大人，受陛下之恩非但不報，還公然宣稱要忘陛下之恩，其罪深重，天下難容。微臣請求嚴懲蘇軾，以平人心。」

宋神宗聽了，半天無語，他平時十分喜愛蘇軾的作品，也知道他平時對人對事十分隨和，雖作詩填詞也常有諷喻、張揚之句，但不見有出格之作啊，他為何寫出這種犯上的文字呢？是膽大妄為，還是另有原因？自己也一時難以斷定。

其實，許多大臣都知道蘇軾引用這幾句話的背景。

蘇軾認為，張氏為其子弟所築之園，費時五十餘年，園中不僅有花木池臺之美，也兼有畜牧、紡織之業，大凡生活所需的物品都可取自園中。他是羨慕張氏先人造園之心，使後人出可以為仕、退可以在園中歸隱。從容進退，其樂悠悠。而李宜之指責的文字，是引自孟子對孔子參政的幾句評語，並非蘇軾所創，卻成了李宜之攻擊蘇軾的法寶，但誰都不願站出來點破。

宋神宗雖是一位頗有作為的皇帝，但因讀書不到位，不知道這句話的出處。

大殿裡的空氣一下子緊張起來。

李定心中竊喜。他望了望章惇、王珪、呂惠卿等人，章惇的葫蘆臉上似笑非笑，王珪和呂惠卿低頭不語。

這時，左將軍王詵出班奏道：「陛下，臣記得，蘇軾在亭記中所寫的『古之君子』之句，是孟子對孔子所說，並無過錯，硬要說是以言犯上，實在是風牛馬不相及！」

諫議大夫劉恕出班奏道：「蘇軾大人深得先帝所愛，向來忠君愛民，錢塘治瘟、密州除匪、徐州防洪保城，有口皆碑。所謂犯上之說，純屬臆造！」

學士李敏出班奏道：「臣雖所學膚淺，但以為蘇軾大人引賢哲之句無可非議，而李宜之大人斷章取義、以惑視聽，用心非良，懇請陛下明察！」

李定本以為李宜之所奏必會惹惱宋神宗，其它大臣便不敢幫蘇軾說話，沒想到未能達到預料的效果。他想轉移話題，連忙出班奏道：「陛下，臣拜讀了蘇軾大人的〈湖州謝上表〉，他在謝表中寫有，『知其愚不適時，難以追陪新進；察其老不生事，或能收養小民』等語，其意是在指責陛下、詆毀新政、攻擊變法大臣，實屬膽大妄為，應予嚴懲。」說完，將抄錄的〈湖州謝上表〉呈給了宋神宗。

　　何正臣緊跟著出班奏章：「陛下，蘇軾大人任杭州通判期間，寫過不少訕謗朝政、抨擊新法的詩詞，其數量之多、數不勝數，民間流傳甚廣、危害甚重，是可忍孰不可忍！臣這裡有一冊《蘇子瞻學士錢塘冊》。」說完，呈給了宋神宗。

　　張璪連忙出班奏道：「陛下，臣以為蘇軾大人自恃有才、目中無人、輕視上司，不肯恪守職責。他在鳳翔任上時，同僚皆參加中秋聚宴，他卻私自離開署衙，外出遊覽禪寺，受到過罰銅二十斤之處分。臣以為——」

　　舒亶見他並沒說到蘇軾要害，便出班打斷了他的話：「臣以為，李、何兩位大人所奏，有理有據。這僅是蘇軾罪行十之一二，待全部審定之後，應定為不赦之罪，以儆效尤。」

　　宋神宗聽了，皺了皺眉頭，轉頭問宰相吳充：「吳愛卿，你如何看待此事？」

　　吳充本來以為李定等御史彈劾蘇軾是言過其實、虛張聲勢而已，神宗皇帝對蘇軾並無惡感，看了那些所謂罪證之後，即會識破李定等

人的用心。但他知道章惇等人是李定的背後靠山，他們都在隔岸觀火，自己身單力薄、難以與他們對抗，便說道：「臣以為，李定等大人所奏之事不可忽視，兼聽則明。臣因未看過蘇軾著作，難以斷論。陛下英明，定會明鑒。」

吳充是王安石辭相時向宋神宗推薦的，但他對王安石變法中一些急於求成的做法並不贊成。他雖不苟同蘇軾的言行，但也不同意李定等人的所作所為。他說的雖然模棱兩可，但「兼聽則明」倒是給宋神宗提了個醒。

李定等人對蘇軾的彈劾出乎宋神宗的意料。他先是欣賞蘇軾的才華和能力，又因蘇軾反對變法而對他不滿，另外，也聽說了蘇軾傲慢張狂、不拘小節、常發牢騷的瑣事。自己雖沒有往死裡整他的想法，倒是有借著這個機會、好好教訓教訓他的念頭，於是說道：「蘇軾所涉之罪，由御史臺派員前往湖州，拘京審查。」

李定聽了，一直忐忑不安的心一下放下了，他連忙奏道：「臣即刻派員前往湖州。」

宋神宗：「好吧，蘇軾的案子，就由李愛卿去辦吧！」

李定：「湖州距京兩千餘里，為使途中不出差錯，途中是否可將蘇軾押入州縣大獄？」

李定十分精明，他是想沿途將蘇軾關進大獄，就意味著朝廷已經定了蘇軾的死罪！此招十分狠毒。

宋神宗倒還清醒，說道：「朕只想知道蘇軾的詩文之事，途中不可將他押入大獄！」

李定聽了，沒有再敢節外生枝。

散朝之後，李定和舒亶、何正臣等人便匆匆去了御史臺。

在商量誰去湖州拘捕蘇軾時，張璪說道：「太常博士皇甫尊，不但人高馬大，而且十分可靠，派他前往湖州最為合適。」

李定命人將皇甫尊叫到御史臺，問他帶多少士兵、何時出發，他拍著胸膛說道：「去拘蘇軾，就像抓隻小雞一樣！在下只要兩名公差，再帶上犬子阿鐵就足夠了！」

李定又問：「何時出發？」

皇甫尊：「明天一早出城。」

李定還有些不大放心，囑咐他說：「這可是聖上親自交辦的案子，抓的又是朝野皆知的蘇軾，途中萬萬不可大意。」說完，將御史臺的拘捕文書交給了他。

皇甫尊走了之後，李定臉上露出一絲冷笑。

其實，有人在他之前，已飛馬出了汴京。

在千里之外的蘇軾，對京城發生的一切，尚一無所知。

3

七月的湖州正值盛夏，因連續下了幾天雨，雨後初晴，顯得格外悶熱。

蘇軾和通判祖無頗正在府衙後院樹蔭下討論一件田產糾紛案，當值衙吏突然來報：「大人，南京送來急信。」正說著時，送信人匆匆走了進來。蘇軾一看，原來是弟弟蘇轍的僕人蘇炎，蘇炎一面擦著臉上的汗水，一面慌慌張張地說道：「老爺，朝廷已派人來抓你了！」說完，掏出一封信，交給了蘇軾。

蘇軾一看，一下子呆住了。

原來，王詵已派人將蘇軾被李定等人彈劾、御史臺已派人前往湖州拘捕蘇軾之事寫信告訴了蘇轍，讓蘇轍設法速速通知蘇軾，以便應對。

祖無頗連忙問道：「信上寫了什麼？」

蘇軾將信遞給了祖無頗，祖無頗看過之後感到十分突然。他負責分管司法刑獄，對辦案程序十分熟悉，說道：「既然御史臺派人來拘捕大人，為何未提及所犯之罪呢？」

蘇軾臉色煞白，手也顫抖起來，喃喃說道：「既然朝廷派員拘捕下官，下官定然是死罪難逃了！」

祖無頗安慰他說：「就是定為死罪，也得有個罪名吧？請大人不

必慌張，下官與皇甫尊是同榜進士，待他到了之後，下官可問問他。先不必告訴夫人，免得家人驚慌。」

蘇軾機械地點了點頭。

自接到蘇轍的急信之後已過了三個多時辰，皇甫尊仍然未到，蘇軾心裡暗想，會不會是王詵開了個玩笑、讓自己虛驚一場？會不會是神宗皇帝又改變主意收回了詔令？會不會——

「大人，京師御史臺皇甫大人，」當值官員慌慌張張進來報告，「已經到了前廳大堂！」

蘇軾一聽，渾身一顫，說道：「下官這就去迎接。」說著，站起來就走。

祖無頗連忙說道：「大人現在仍是湖州太守，而非罪犯，應按朝廷規定，以太守身份迎接朝廷公差。」

蘇軾聽了，連忙穿上官服、戴上官帽、紮上了玉帶，在祖無頗陪同下去了府衙大堂。

一到大堂，見皇甫尊大模大樣地坐在蘇軾議事的椅子上，顯出一副盛氣凌人的神態；他的兒子阿鐵一臉橫肉、瞪著一對紅腫的牛眼站在他的旁邊，兩名公差立於左右。

他們之所以遲到，是因為皇甫尊日夜兼程南下時，阿鐵的肚子不爭氣，在途中吃飯時飲了些酒，又多吃了一缽肥腸，途中腹部疼痛難忍，走不了幾里，就要下馬解手，後來雙腿又酸又軟，連馬都上不去

了。皇甫尊只好請郎中診過，又服過止痢疾的藥丸，還在一家小店裡住了一宿，因此耽誤了行程。王詵派出的家人騎馬超過了他們，提前一天將信送到了南京，蘇轍才派蘇炎飛騎送來了凶信。

蘇軾儘量沉住氣，向皇甫尊施禮後說道：「下官蘇軾，不知大人前來湖州，有失遠迎，請大人恕罪。」

皇甫尊「哼」了一聲，算是回答了。

祖無頗隨後施禮，說道：「當年一別，下官與皇甫兄多年未見了，今日能在湖州相見，是下官之幸啊！」

皇甫尊又「哼」了一聲，冷冰冰地說道：「下官是奉御史衙門之命，前來拘捕朝廷欽犯蘇軾的，你我當年之誼，容日後再敘。」

蘇軾說道：「下官口直心快、言多必失，得罪了朝廷，自知必死無疑。下官不敢違背聖命，只求大人能寬容一刻，容下官與家人訣別。」

皇甫尊橫了蘇軾一眼，冷笑著說道：「還不至於如此吧？」

府衙的官員們聽說御史臺派人來拘捕太守大人，紛紛去了大堂，他們看到皇甫尊傲慢而凶煞的樣子，都顯得有些緊張。

祖無頗是個眼裡揉不進砂子的直性子人，他見皇甫尊不念舊情而又裝腔作勢，心中已有火氣，但還是儘量忍住，心平氣和地問道：「請問皇甫大人，大人奉命拘捕湖州太守，應當持有拘捕公文吧？」

皇甫尊聽了，十分不滿，他轉頭對阿鐵說道：「給他！」

阿鐵從包袱裡取出公文，遞給了祖無頗。祖無頗接過一看，原來是一份普通的拘捕檔，上面只提到免去蘇軾太守之職，傳喚進京接受審查，並無寫犯有何罪、應受何種處治等文字，他懸著的心放下了，知道是皇甫尊故弄玄虛、恐嚇蘇軾的。

皇甫尊之所以敢如此裝腔作勢，是想借著李定的權勢向蘇軾大施淫威。

祖無頗將公文還給阿鐵，說道：「請皇甫大人不必介意，索驗公文，是本官職責，若不索驗公文，則是本官失職。」他轉身看了看不知所措的蘇軾，說道：「既然要押解蘇大人進京，請允許他回去與家人告別後再走，這是人之常情。」

阿鐵早就等得不耐煩了，吼道：「不許離開，立即啟程！」

祖無頗的火氣終於忍不住了，大聲問道：「你是何人？本官與皇甫大人說話，你怎敢插嘴？」

被祖無頗一問，阿鐵十分尷尬：「我是、我是——」

皇甫尊連忙解釋：「他是下官犬子阿鐵，讓他一路上照料本官的。」

其實，祖無頗從身材、長相已經看出，他並非公差，而是皇甫尊的兒子，他只想趁機挫挫他的蠻橫，以防他在路上欺負蘇軾。

這時，府衙中的官員、衙役和問訊而來的百姓，都齊聲央求讓蘇軾與家人辭別後再走，皇甫尊知道眾怒難犯，說道：「本官允許蘇軾與家人告別，以半個時辰為限。」

蘇軾聽了，連忙回到了官舍。

當聽說丈夫已被拘捕、將押解京城時，王潤之只覺得眼前一黑，便跌坐在地上了。王朝雲一邊哭著一邊扶起她來，一家人頓時哭成了一團。

蘇軾的眼淚在眼眶裡打著轉轉，他知道此去凶多吉少，心裡一揪一揪的，但還是儘量裝得滿不在乎的樣子。他用衣袖為王潤之擦了擦眼淚，笑著說道：「夫人，你先別哭，待我給你講個故事，你聽了之後，再哭如何？」

王潤之順從地點了點頭。

蘇軾笑著告訴她說：真宗朝時，有位名叫楊樸的名士，學識、人品都十分優秀，地方官向朝廷推薦多次，他都未答應，而是隱居在山林之中，以農樵為樂。宋真宗聽說了之後，想請他進京任職，但被他拒絕了。宋真宗便派出禁軍，將他押到了京城，要逼他為官。真宗見了楊樸之後，問他：「朕聽說楊愛卿善於作詩，這是真的嗎？」

楊樸連忙搖頭，說道：「草民本是山野村夫，不會作詩。」

真宗又問：「愛卿離家時，親朋好友們可曾作詩為愛卿送行？」

楊樸：「沒有人為草民送行，只是拙荊哭著念了四句大白話。」

真宗：「愛卿還記得嗎？」

楊樸點了點頭。

真宗：「能吟出來讓朕聽聽嗎？」

楊樸想了想，吟道：「且休落拓貪杯酒，更莫倡狂愛吟詩。今日捉將官裡去，這回斷送老頭皮！」

真宗聽了，不由地「哈哈」大笑起來。他知道楊樸真的是不想踏上仕途，也就不為難他，又派人將他護送回山裡了。

王潤之聽得十分入神，蘇軾講完了，她的哭聲也止住了。

蘇軾笑著問他：「下官和楊樸一樣，既貪酒杯，也愛寫詩，所以也要捉到京城去。這一去就怕保不住老頭皮了，若夫人也能像楊樸妻那樣，吟首詩為下官送行，說不定聖上也會派人護送下官回湖州呢！」

王潤之聽了，忍不住破涕為笑。

王朝雲站在一旁，她一句話都沒說，只是幽幽地望著蘇軾，眼眶裡滾動著淚珠。

阿鐵領著兩名差人走進來，給蘇軾戴上了枷鎖，摧他出發。小兒子蘇過跑過去，緊緊抱住蘇軾的腿，大聲哭著喊道：「不，我不要父親走！」

兩個差人押著蘇軾向外走時，王朝雲不知從哪裡來的膽量和力

氣，她大聲喝道：「等一等！」說完，一把推開差人，神態十分鎮靜，她對蘇軾說道：「妾和公子，侍候老爺進京！」

官員們也紛紛央求允許家人隨行侍候，兩個差人不敢做主，阿鐵也沒了主意，連忙去了前廳。大約是皇甫尊同意了，阿鐵回來說道：「只許犯人之子隨行。」

一家人眼巴巴地看著皇甫尊等人押解著蘇軾上路了。

一行人剛剛出了湖州北門，王朝雲沒命地追上來，她將一包衣服塞給了蘇邁，又深情地望著蘇軾。

待蘇軾的身影看不見了，她一直強忍著的眼淚像決口的洪水，恣意地滾落下來了……

4

皇甫尊是從水路押解著蘇軾回京的。

剛才還是堂堂的湖州太守，轉眼之間竟成了階下之囚！消息傳開後，人們在驚愕之餘紛紛議論起來；蘇軾到底犯了何罪成了「朝廷欽犯」？沒聽說他有什麼貪贓枉法之事，也沒有因失職而惹出民怨呀！議論歸議論，人們還是趕往城外的碼頭去為他送行。但到了碼頭才知道，押解蘇軾的船隻已經起程了。

官船日夜兼程，蘇軾戴著枷鎖，默默地坐在船板上，整整一天不說話、也不吃飯，只是呆呆地望著水中細微的波浪。他知道自己平時

口無遮攔，得罪了一些人；又愛在詩詞中直抒胸懷、評論時政，又得罪了不少人；更重要的是他多次上書批評過變法中的一些政策不但失民心、也傷社稷，惹惱了一些變法的新貴。今日落到了御史臺一些御史的手裡，他們能輕饒自己嗎？自己的性命不足為惜，人死如燈滅，雙眼一閉，生前的恩恩怨怨、是是非非，也就雲消霧散了。夜已深了，滿天的星斗映在水中，在水波中忽明忽暗。他輕輕將身子朝船邊挪了挪，誰知驚醒了身邊的蘇邁，他連忙抱住蘇軾，說道：「父親，小心掉下船去。」

這時，正在船艙中睡覺的阿鐵聽見了，連忙爬到船板上，大聲呵斥道：「你想找死啊，你若是死在路上，不但害了大爺，連李定大人都交不了差！你若是死在了御史臺裡，嘿嘿，可就不關大爺的事了！」說完，伸出手來，將蘇軾拉進了船艙。

求死不成，只好活著。他想起了王潤之和幾個兒子，也想起了王朝雲，她今年才只有十七歲啊！若自己遭遇不測，一家人怎麼過啊！回眉山老家？路途遙遠，再說老家已沒有親人了。自己一死，他們必將被趕出官舍，家中又沒有積蓄，豈不要流落街頭？想著想著，眼淚忍不住淌了下來。

此時的王潤之，感到天已經塌下來了。自蘇軾被押走之後，她就沒了主意，一直啼哭不止，誰勸都勸不住，祖無頗和友人們也想不出個好辦法來勸慰她。這時，王朝雲領著小蘇過走到她的身邊，說道：「夫人，湖州官舍不能久住，我們還是去投奔南京的二老爺吧！」

王潤之聽了，點了點頭。是啊，丈夫被朝廷拘走了，如今天下至

親的人就是二弟蘇轍了。她說道：「快去收拾一下，咱們這就去南京！」

祖無頗等人也認為去投奔蘇轍是明智之舉，便立即派了一隻官船供他們使用。一家人將簡單的行李裝船之後，船上已沒有多少空餘的地方了。臨開船時，王朝雲又和蘇友返回了官舍，吃力地將兩個大箱子搬到了船上。王潤之問道：「箱子裡裝的是些什麼？」

王朝雲一邊擦著額頭的汗水，一邊說道：「都是老爺的文稿。」

王潤之一聽，就有了火氣，說道：「都什麼時候了，還顧什麼文稿！」

王朝雲說道：「這可是老爺的寶貝疙瘩啊！」

王潤之沒好氣地說道：「連命都沒有了，還要這些寶貝疙瘩做什麼？」

王朝雲不再說話，只是以手護住箱子，以防掉下船去。

祖無頗向兩個船工交代了一會兒之後，官船便起錨上路了。

一路上經太湖、進運河、過常州，到了揚州。由於路途上十分辛苦，又加上飢餓難忍，王朝雲讓船工將船停泊在碼頭上，打算和蘇友去大街上買些食物回來吃。正要下船時，只見有幾個男子走到船邊，問道：「請問，這可是蘇軾大人家眷的船？」

王潤之聽了，心中一驚，以為又是來拘人的，連忙對兩名船工說道：「快快開船！」

王朝雲說道：「夫人，若他們是來拘我們的，開了船他們也能追上，待賤妾問明白了再說。」

王潤之點了點頭。

王朝雲走到船頭，說道：「這正是蘇大人家眷的船，請問你們──」

公差連忙施禮，說道：「是我家主人派我們來的，我家主人得知蘇夫人路過揚州，特派人在此迎候，還備了些飯菜瓜果，以備夫人途中充饑解渴。」說著，向遠處招了招手，一些人將盛著飯菜的食盒和裝著瓜果的筐子抬到了船上。

王朝雲問道：「你家主人是誰？」

男子低聲說道：「揚州太守鮮于大人。」

王朝雲連忙施禮，說道：「蘇夫人十分感謝鮮于大人，請代為致謝。」

船又繼續前行，過了午時，即將抵達宿州時，忽然聽到後邊大聲喊道：「停船！快停船！」

原來有兩隻大船從後邊追上來了！

船剛停下，船上一個蓄著短鬚的官員說道：「爾等聽著，本官奉御史臺張大人之命前來搜查朝廷欽犯蘇軾的罪證，爾等不必驚慌。」說完，指揮著十幾名士兵跳到蘇家的船上，將一家大小統統集中在船

板上，並派一名士兵看守著，其它人便鑽進船艙，將大小包袱解開，抖出裡邊的衣物一件一件查看，連女眷們的梳妝匣、胭脂盒都不放過，最後，搜走了王潤之首飾箱裡的幾件金釵和一副玉鐲，還拿走了蘇軾珍藏的一些書籍。搜完了艙中之物，那名軍官指著王朝雲身邊的箱子問道：「裡邊裝著什麼？」

王朝雲十分冷靜，說道：「是些用過的廢紙，船上煮飯引火用的。」

軍官不信：「打開看看！」

王朝雲打開箱蓋，兩個士兵從上面翻到箱底，見盡是些寫過字的紙張，並無貴重之物，有些失望，只順手抱了些詩稿、書信，便交差完事了。

搜查完了之後，船向南京方向前進，王潤之提在嗓子眼兒裡的心總算放下了。她看見王朝雲正在收拾剩下的一些文稿，心裡又恨又惱，說道：「寫詩填詞，都是這些撈什子惹的禍！」她越說越氣，抓起一把文稿塞進了正在煮飯的爐灶中，只見「呼」地衝出一團火苗，文稿便化為一堆紙灰了！

當她再去抓文稿時，王朝雲連忙護住箱子，說道：「夫人，你先消消氣，別氣壞了身子。」

王潤之哭著說道：「人都拘走了，不知道還能不能回來，留下這些東西還有什麼用處啊！」

王朝雲安慰她說：「能回來，老爺能回來，一定能平安回來的，夫人先回船艙歇一會兒吧。」

王潤之聽了，喃喃說道：「但願如此。」說完，回船艙了。

王朝雲將剩下的文稿墨蹟緊緊抱在懷裡，淚水無聲地流了下來。

後人真應感謝這位歷盡坎坷、地位卑微的弱女子，因為她為中華民族搶救了一批彌足珍貴的文化遺產。

遠處，南京城已遙遙在望了。

第十五章

在烏鴉的聒噪聲中走進地獄之門

1

元豐二年（1079年）八月十八日，蘇軾終生都忘不了這一天。

午時剛過。皇甫遵雖然是個壯如蠻牛、暴如張飛的人，但卻心細如針，他雖已完成了拘捕蘇軾的任務，但他還想表現自己恪盡職守。他怕京城的人認出蘇軾而擁過來圍觀、詢問，便命人催了一乘帶棚的馬車，讓蘇軾坐在車上、放下簾子，自己騎馬在後，趁著暮色進了城門。

坐在車上的蘇軾忽然聽見了一陣「呱呱呱」的烏鴉叫聲，他知道御史臺已經到了。

御史臺是御史們辦公的衙門，漢代時曾稱御史府，東漢後為御史臺，又因御史們在蘭臺辦公，所以也叫蘭臺寺。御史臺里長著一些高大的柏樹，參天蔽日。上千隻烏鴉棲息在御史臺的簷下，它們朝出暮歸，歸巢時總在御史臺上空飛來繞去，發出「呱呱呱」的噪叫之聲，於是，人們也把御史臺稱為烏臺。在百姓眼裡，烏臺是個陰森而又神秘的地方，於是路過烏臺門口時總是低頭匆匆而過，害怕沾著了烏臺的晦氣。

一到烏臺門口，守門的士兵立即攔住了馬車。皇甫遵連忙遞上腰牌——進出烏臺的通行證，士兵們才退到了一邊。

蘇軾下了車，望了望在頭頂上翻飛的烏鴉，知道邁進了烏臺的門檻，閻王和小鬼們正在裡邊等著他呢！

皇甫尊向老獄吏王才有辦了交接手續之後，問道：「罪犯關在哪裡？」

王才有說：「御史中丞李定大人已經交代過了，關在『知雜南院』甲舍。」

皇甫尊點了點頭，便離開了烏臺。

王才有押著蘇軾一面向牢房走，一面悄聲提醒他說：「蘇大人家中有沒有『丹書鐵券』啊？」

「丹書鐵券」就是免死券。大宋開國之初，宋太祖曾向立過功勳的大臣賜過這種「丹書鐵券」，這是一種特殊恩澤。若五代以內子孫們犯了死罪，憑券可免死不殺！因李定吩咐將蘇軾囚於知雜南院的甲舍，王才有就知道御史們已將蘇軾定為死罪了，因為知雜南院關的都是重罪犯人，而甲舍又是關死囚的牢房，也叫死牢，所以連忙提醒他。

蘇軾聽了，搖了搖頭。

王才有：「蘇大人天下聞名，要關在……那種地方！唉。」

蘇軾從他的話中已明白了自己的處境，自己還能活著走出這座烏臺嗎？

王才有囑咐蘇邁說，牢房裡的鋪草又潮又髒，讓他送床被子來；又說，三頓飯要準時送來，過了時辰就得挨餓。

蘇邁聽了，連忙回老宅取被子去了。蘇邁住在汴京的老宅子裡，只有探視時間才能來看望父親。

知雜南院是一座獨立於其它監舍的牢房，裡邊的甲舍高不過五尺、寬不過四尺，舉手伸腳都會碰到長滿青苔的牆壁，關在裡邊，就像掉進了一座深井之中。

也許是因為一路的顛簸，蘇軾感到又累又困，他剛剛在鋪草上躺下便迷迷糊糊地睡著了。

突然，他被一陣「提審罪犯蘇軾」的喊聲驚醒了，睜眼一看，兩名御史臺的衙役已站在了他的面前。

蘇軾連忙問道：「要去哪裡？」

衙役：「御史中丞李定大人要對你堂審，快走吧！」

蘇軾剛要走，王才有提著一隻竹籃走過來，低聲說道：「讓蘇大人吃了早飯再走吧！」

衙役有些為難，說道：「李大人催得很急，在下怕耽擱了時間惹他生氣。」

王才有：「人是鐵，飯是鋼，餓著肚子能經得住動刑？」

衙役聽了，說道：「那就讓他快點吃吧，免得去遲了受李大人責。」

蘇軾看了看那只竹籃，搖了搖頭，說道：「在下實在是吃不下，還是上堂吧！」

他現在想的不是吃飯，而是急於想見到審問他的御史們，當面問一問：到底是何人彈劾了自己？彈劾自己犯了何罪？

一進御史臺的大堂，蘇軾迎面看到李定端坐在公堂中間，那是主審官的座位；左邊坐著舒亶，右邊坐著何正臣，兩邊廊下，各站著一排凶神般的衙役。蘇軾不但認識這三位審問自己的御史，還知道自己落到了他們手裡，已成了一塊案板上的肉了──任憑他們操刀亂剁！

李定看了看蘇軾，厲聲問道：「罪犯蘇軾，為何見了本官不跪？」

蘇軾不亢不卑地問道：「請問李大人，下官犯了何罪？」

李定將驚木一拍，大聲吼道：「大膽，還敢嘴硬！來人哪，讓他跪下！」

幾個如狼似虎的衙役將蘇軾按著跪在地上。

李定：「本官問你，你任鳳翔簽判時，府衙官員秋典聚宴，你不經允許私自外出，受到罰銅二十斤懲罰，難道不是罪嗎？」

蘇軾：「未經允許私自外出，是錯而不是罪，再說當時已受到過處治，已經以罰代錯了。」

李定：「本官再問你，你自恃有些文采，處處諷刺、攻擊朝廷重臣，是不是罪？」

蘇軾：「大人所說不錯，下官曾戲謔過宰相王安石大人，心中一直後悔不安，這是下官之錯，並非是罪。」

李定：「下官再問你，你是否反對、抵制過變法新政？」

蘇軾：「下官認為，朝廷的變法新政有利於社稷百姓，但有些地方行之過激，傷民害農之事時有發生，下官曾將所見所聞上書聖上、奏報了此事，有下官的〈三上皇帝書〉為證。此舉非但無罪，而且無錯！」

李定：「罪犯蘇軾，你不但攻擊朝廷推行的新法，而且膽大包天，竟敢訕謗朝廷、指責聖上，大逆不道，難道這也不是罪嗎？」

蘇軾聽了，心中一驚。他知道，前邊問的是在繞圈子，現在審問的才是關鍵所在，他連忙說道：「下官受聖上之恩、社稷之惠，怎麼會訕謗朝廷、指責聖上呢？請大人明察。」

李定說道：「本官料定你會狡辯抵賴的，不過無濟於事，你若老老實實地承認了所犯之罪，看在老朋友的情面上，本官願上奏聖上，對你從寬發落；若你執迷不悟、拒不認罪，只好後果自負了。」

蘇軾已從他的話中聽出，他想給自己定指責聖上、訕謗朝廷的不臣之罪，此罪乃不赦之罪！他大聲分辯，說道：「下官一直心繫社稷，絕無——」

李定大聲吼道：「大膽蘇軾，竟敢嘴硬！看你的嘴硬還是本官的巴掌硬！」他朝衙役們喊道：「掌嘴！」

兩名衙役走上前去，一人拉住蘇軾一隻手臂，左右開弓，對著蘇軾的嘴巴就是一陣猛摑。蘇軾感到眼前一陣金花，像有無數鋼針扎在

臉上，他聞到了一股腥味，猛一張口，「嘩」地吐出了一團血水！

李定冷笑著說道：「本官實話告訴你，掌嘴，在烏臺還算不上刑法，本官只是想讓你嘗嘗嘴硬的味道罷了。」

蘇軾用衣袖擦了擦嘴角上的餘血，他感到嘴巴已經麻木了。

李定又說：「本官勸你還是招供吧，免得再受皮肉之苦。」

蘇軾搖了搖頭：「下官實在不知道要招什麼供，請大人明示。」

李定：「就招你如何怨恨聖上、如何嘲諷新法、如何攻訐變法大臣！還有，哪些人是你的同黨？一個不漏地都要說出來！」

蘇軾一聽，更加警覺了，原來李定不但要定自己的死罪，還想趁機除掉他們的政敵！自己已經身陷囹圄，但絕不可連累自己的師長、友人和學生們！他連忙說道：「若大人判蘇軾有罪，蘇軾甘願受刑，但蘇軾絕無同黨之人！」

李定聽了，氣得臉色發青，他咬著牙根說道：「今天，本官要讓你知道馬王爺到底有幾隻眼！來人哪，先打四十大板！」

蘇軾過去斷案時，對那些頑固而又狡猾的罪犯曾用過此刑，一般杖打二十大板罪犯就皮開肉綻了。今天，自己由主審官淪為了階下囚，也要承受被打之刑，而且還是加倍受刑，這就叫「禍福無常」？正想著時，幾個衙役已將他按倒在地，拉下了他的褲子，「呼呼」生風的板子便落在了他的屁股上！開始時他感到疼痛難忍，繼而便忍受不住了，呼天喊地地大叫起來，不一會兒，喊聲便漸漸低了……

李定見蘇軾的雙腿已血肉模糊、癱軟在地上，又吩咐衙役：「大刑侍候！」

幾名衙役將三件重刑刑具抬進了大堂。

舒亶指了指人事不省的蘇軾，低聲說道：「李大人，若再施刑，下官擔心——」

李定：「若不施重刑，恐難以讓他招供。」他吩咐衙役：「指刑侍候！」

兩名衙役將蘇軾的十指套進枷具之中，左右猛一用力，只聽蘇軾「啊」的一聲慘叫，便歪倒在地上了。

何正臣連忙過去，以手試了試鼻息，嚇了一大跳，連忙說道：「沒氣了！犯人沒氣了！」

他知道，若讓蘇軾死在提審的大堂上，不但主審官難以交代，副審官也會吃不了兜著走！

李定似乎胸有成竹，說道：「你們放心好了，蘇軾還死不了！」他命令衙役：「潑水！」

一名衙役提來一桶涼水，猛地朝蘇軾頭上潑去。只見蘇軾的身子一激靈，又緩緩地甦醒過來了。

蘇軾不知道自己身在何處，也不記得曾經發生過什麼，只覺得自己從一個漆黑的深淵中走出來，渾身像散了架一般又痠又痛，雙眼好

像被什麼黏住了，什麼也看不見。他努力睜了睜，迷濛中看到三個影子在眼前晃動著。這是什麼地方？他們是人間的人，還是陰間的鬼？他一時難以判斷出來。

大堂外邊傳來一陣「呱呱呱」的叫聲，覓食的烏鴉們成群結隊地回來了，它們在半空中盤旋著、追逐著，暮色中的烏臺成了這些黑色精靈的天堂。御史們得意洋洋地離開了提審大堂，奄奄一息的蘇軾被抬回了知雜南院的死牢。

2

「父親、父親，你醒醒啊！」

蘇軾彷彿聽見有人在遙遠的天邊喊他，喊聲越來越大，他聽出來了，是蘇邁的聲音！他努力睜開眼，借著牆上的暗淡燈光，見蘇邁正跪在自己身邊。

見父親醒過來了，蘇邁一邊用汗巾為他擦著身上的斑斑血跡，一邊說道：「父親餓了吧？我熬了一罐小米粥，你吃一碗吧！」說著，將飯碗遞給了他。誰知蘇軾的手一哆嗦，飯碗掉在了地上！蘇邁抓起蘇軾的手一看，見十指的關節又紅又腫。他連忙將蘇軾的手抱在懷裡，「哇」地一聲大哭起來。

蘇軾安慰他說：「不哭，不哭，我並不覺得疼，你哭什麼？」

蘇邁哽咽著說道：「父親受苦了。」

蘇軾：「這點苦，我還受得了，現在我最掛心的是遠在湖州的一家人，不知他們怎麼樣了？」

蘇邁告訴他說，全家人已投奔南京的叔叔了，叔叔還派家人蘇炎到了汴京來照應蘇軾，因御史臺不許他入內，他只好留在老宅裡。還說，駙馬王詵大人和書畫博士米芾等人，還送來了一些食物和日常用品。

正說著時，王才有進來了，他看了看蘇軾的傷勢，嘆了口氣，說道：「蘇大人，凡進了烏臺大獄的犯人，都是先刑後審，有不少人是走著進來，抬著出去的。大人的命大，還是熬過了這一關。」他又對蘇邁說道：「孩子，你放心好了，蘇大人是吉人天相，雖有劫難，定能化解。探監時辰到了，你還是走吧！若超過了探監時辰，以後就不許進來了。」

蘇邁順從地點了點頭。

第二天天色剛亮，蘇軾又被押去堂審。

與昨天的堂審一樣，主審李定端坐在中間，舒亶和何正臣分坐左右，兩排衙役站在兩邊廊下，所不同的是，蘇軾一進了大堂，便先行跪在了地上。

李定見了，冷笑著說道：「罪犯蘇軾，進堂即跪，可見你比昨日有了長進！」

其實，蘇軾實在是站不住了，跪在地上倒還能撐住身子。

李定指著蘇軾說道：「罪犯蘇軾聽著，你所犯之罪，可謂罪行累累、罄竹難書、罪證確鑿。本官今日所審，你只需要回答有還是沒有即可，不許節外生枝、強詞奪理，聽明白了嗎？」

蘇軾想，今日的審問方法也不同於昨日了，不知他葫蘆裡裝的是什麼藥？說道：「聽明白了。」

李定：「本官問你，你是否犯有斥責聖上、訕謗朝廷、反對新政之罪？」

蘇軾聽了，心中一驚，若自己答了一個「是」字，就是承認了不臣之罪，也就是十惡不赦的死罪！於是連忙說道：「沒有。」

李定：「哼，本官料你也不敢承認，不過本官既有耐性也有時間。」他吩咐衙役：「先打二十大板！」

如狼似虎的衙役們施刑之後，蘇軾的舊傷上又添新傷，痛得鑽心刻骨。還沒打完，他已昏厥過去了，衙役朝他頭上潑了一桶冷水之後，他才醒了過來。

李定又問：「本官再次問你，有，還是沒有？」

蘇軾的聲音雖然十分微弱，但還是很清楚：「沒有！」

李定：「再加二十！」

蘇軾受刑之後，連低微的呻吟聲也聽不見了。

何正臣擔心繼續這樣審下去，蘇軾會死在大堂上，便對李定說道：「李大人，是不是先審問他所犯的其它罪行。」

李定：「你真糊塗！審那些雞毛蒜皮的小罪又有何用？此罪抵過百罪！他只要承認了此罪，就是犯了大逆不道之罪！」

他見蘇軾不肯就範，就讓舒亶和何正臣輪番審問、施刑。蘇軾雖然已在地上動彈不得，但心裡仍然十分清醒，始終緊緊咬住牙關，硬是不多說一個字！

連續審了數天，每天都是天亮提審蘇軾，到了烏鴉回巢時才將蘇軾押回死牢，但蘇軾總兩個字：沒有！

就在李定等人對蘇軾酷刑逼供的時候，案子也牽動著烏臺外邊的世界。

自蘇軾關進了烏臺之後，朝野一片震驚。

太子少傅張方平、元老范鎮、司馬光等人冒著得罪御史們的風險，也不怕連累家人，先後上書宋神宗為蘇軾求情。

蘇軾的政敵、已經辭去宰相職務、退隱金陵的王安石，得知蘇軾被捕受審烏臺後，立即上書宋神宗，他提醒宋神宗，萬萬不可忘記宋太祖「不殺大臣和言官」的遺訓。

王安石的弟弟王安禮，時任舍人院同修起居注官之職，幾乎天天與宋神宗在一起，他對神宗說道：「自古以來，大度的國君都不以言論定臣子之罪。蘇軾不但才華天生，而且勤奮好學，本以為可得到爵位，但卻未能如願，心裡不免失望，說了些不當之話。若以此對他懲處，恐怕後人會說陛下難容人才。」

宋神宗聽了，說道：「朕本來就不想深究蘇軾，只是想挫挫他的傲氣，過些日子，朕就會赦免他的。愛卿不可洩露朕的意圖，以防言官們加害於他。」

為了營救哥哥，蘇轍向宋神宗上書，乞求以自己的官職為蘇軾贖罪，字裡行間透出的手足之情令人感動。

在大臣們中間還悄悄傳說著一件事：在芳林苑思津宮養病的太皇太后曹氏，聽說蘇軾關進了烏臺大牢後，十分震驚，病情漸重……

蘇軾的案子不但引起了官員們的關注，還牽動著天南地北的百姓們。

在杭州，數千人匆匆趕往靈隱寺。僧人在山門外邊掛起了一幅布簾，上面寫著「蘇大人解厄道場」，他們是在為蘇軾誦經。

自斬了匪首「何四兩」之後，密州的太平鎮已經太平了幾年。一聽說蘇軾被朝廷關進了大牢之後，人們的心裡就像壓上了一塊大石頭！他們已派出孟元和老獵戶余七為代表，日夜兼程趕往汴京探監，但二人卻被拒於烏臺之外。

消息傳到徐州後，人們紛紛來到當年築起的土堤上焚紙燒香，還商量要在清冷口為蘇軾建廟造像，以不忘他保城救民的恩澤。

尤其令人動容的是，一些卑微的歌舞妓們聽說蘇軾被投進了死牢之後，她們素面素服相聚西湖的船上，想以吟唱蘇軾的詩詞來為他祈福。誰知剛剛唱了一句，便被一片抽泣之聲淹沒了，只剩下琴操的誦

經之聲。小船像無根的浮萍，在湖面上飄蕩著，滿湖都是香煙裊裊、木魚聲聲……

王才有以回家吃飯為名，偷偷到街上去為蘇軾買藥療傷。在離烏臺不遠的一個路口，他看見一個二十出頭的女子跪在地上，她先點燃了三炷香，又從隨身的包袱裡捧出一大把紅棗，跪在地上，倒頭就拜！

王才有問她：「閨女，你這是在為誰燒香啊？」

女子哽咽著說道：「為恩人蘇簽判燒香。」

王才有聽了，大吃了一驚。知道她說的蘇簽判就是蘇軾，便連忙將她拉到一邊，問道：「閨女，你叫什麼名字？是從哪裡來的？」

女子說：「俺叫蕎花，是從終南縣來的。」

王才有：「閨女為什麼要為他燒香？」

蕎花聽了，已滿眼是淚。她說，她五歲那年，因父親為官府伐木，木排被山洪沖散，被縣衙關進了大牢，要繳十兩銀子才能放人。因家中太窮，為救出父親，爺爺在她頭上插了一根茅草，領她到集上去賣。要不是遇上了蘇簽判……十七年了，她一直忘不了自己的救命恩人。聽說恩人關在了烏臺大獄，她整整走了九天才到了汴京城，向人打聽烏臺大獄在哪裡。有人告訴她說，烏臺大獄長著很多柏樹、住著很多烏鴉，於是她就找到了這裡，但守門的士兵不許她進去，她只好在外邊為恩人燒上三炷香，求老天爺保祐他……說到這裡時，已泣不成聲了。

王才有知道她無法見到蘇軾，便安慰她說：「蘇大人人好命大，不會有事的，閨女你還是早早回家吧！」

蕎花聽了，點了點頭。她央求王才有將包袱裡的紅棗帶給蘇軾，王才有朝四周看了看，連忙抓了兩把紅棗，塞在了懷裡。

蕎花含著眼淚走了，走出很遠了，還能聽見烏鴉們「呱呱呱」的叫聲。

3

蘇頌也關在烏臺大牢的知雜南院裡，但不是關在死囚牢房。他的牢房與蘇軾的死牢只有一牆之隔，彼此也算是獄友。這位因三次拒絕起草破格提拔李定的中書舍人，因審問他的主審官不是李定而未受到酷刑。因他仰慕蘇軾的才華，所以特別關注蘇軾的案子。自蘇軾入獄後，他每天都能聽到御史們對蘇軾的辱罵和蘇軾受刑時的慘叫聲，有時李定、舒亶、何正臣還夜以繼日、輪流審問，犯人生不如死！他曾經為此寫過一首詩，其中有「遙憐北戶吳興守，詬辱通宵不忍聞」。詩中提到的吳興守，指的就是曾任湖州太守的蘇軾！他十分擔心，落在李定這夥御史手中的蘇軾恐怕撐不了幾天了。

忽然，連續幾天裡，南雜知院裡安靜多了，既聽不到御史們的吼叫聲和搬動刑具的「當」聲，也聽不見蘇軾撕心裂肺的慘叫聲了，是不是蘇軾已經——他將臉貼在牆上仔細聽了聽，聽見了陣陣呻吟之聲，蘇軾還活著！

原來，這幾天李定暫停了堂審。因為先刑後審的辦法並未攻破蘇軾的防線，也就無法使他承認犯有「諷訕朝廷、大逆不道」之罪。李定顯得一籌莫展，他鐵青著臉，離開坐位，在大堂裡走來走去，像個沒頭的蒼蠅。其實，舒亶和何正臣心裡比他還焦急，因為拘審蘇軾雖是宋神宗的「欽定」，起因卻是李定突然在宋神宗面前發難，而他們二人是極力呼應的！若定了蘇軾的死罪，他們都會受到神宗皇帝的賞識，還能得到同僚們的信服；但若定不了蘇軾的死罪，不但無法向神宗皇帝交待，恐怕天下人的唾沫也會淹死他們！

　　其實，李定還藏著一椿難以啟齒的私仇，以雪當年之恥！

　　當年，李定被王安石看中後，欲推薦他為諫官，但因隱瞞母喪，未回家守制「丁憂」，遭到了眾多官員的指責、彈劾：司馬光罵他「禽獸不如」，蘇軾則彈劾他是「不忠不孝之人」。一個人若被認為不忠不孝，就沒有資格出仕為官！他對蘇軾已有刻骨銘心之恨，更令他感到難堪的，是因為蘇軾的一首詩。

　　蘇軾曾寫過讚揚朱壽昌的一首詩，題目是〈賀朱壽昌得母〉，其中有兩句是「感君離合我酸辛，此時今無古或聞」。李定認為，此詩是暗諷他的。

　　李定之母原本是位歌妓，她曾嫁過三次，每嫁一次，就生一個兒子，共生了三個兒子。三個兒子都很聰明，其中一個兒子就是李定。她生了李定之後，又改嫁別人。她死時，是李定的父親不讓李定為其母守孝的。

讀了蘇軾的詩後，李定對蘇軾舊仇加新恨，欲將蘇軾置於死地而後快。

但他黔驢技窮，蘇軾並未就範。他望著大堂裡那些沾著血汙的刑具，感到力不從心。

這時，有人來報：「張璪大人到！」

李定：「快請他們進來。」

原來，為了將蘇軾的案子辦得萬無一失，在審案之初，李定已將張璪派往各地去收集有關蘇軾的罪證，以配合烏臺的審問和定案。

張璪將一個藍布包放在桌上，說道：「下官奉大人之命，已獲得不少蘇軾的信箚詩文，請大人審閱。」

李定：「張大人辛苦了。」說完，急不可待地解開了包袱，檢點了一下，共有八十三件，涉及三十九人。他匆匆看過之後，已掩蓋不住心中的喜悅，鐵青色的臉上也有了笑容，因為他突然萌生了一個新的審案策略。蘇軾不是在大刑面前不肯承認犯了「訕謗朝廷，大逆不道」之罪嗎？那好吧，就從這些信箚文稿中找出證據。這些證據可都是他蘇軾親筆所寫，看他還能如何抵賴！他選出了一部分，將餘下的交給舒亶和何正臣：「請兩位大人細細審閱，三天後繼續再審。」

蘇軾雖然經受了酷刑折磨，但士可殺而不可辱！他已暗暗尋思，要以死來結束這種屈辱！他悄悄從草枕底下摸出了那包青金丹，放在身邊。這是他根據晉代的一種秘方親自配製的，可治失眠之症，過去

每當睡不好時，在睡前服上一丸便可安然睡到大天亮；但他也知道，若過量服用，則會致命！

蘇邁每晚準時送來牢飯，他吃飯時，蘇邁便輕輕地為他擦洗舊傷口，又將創傷藥粉塗在新傷口上。蘇邁見父親剛剛結痂的傷口又被打裂，黃水不斷地淌出來，竟忍不住失聲痛哭起來，說道：「父親，我不走了，願替父親受刑，我要為父親頂罪！」

蘇軾強忍著淚水，安慰他說：「傻孩子，我又沒犯什麼罪，你如何頂罪？你是家中的長子，全家人還指望著你呢！」

王才有在牢房外邊催促蘇邁：「探監時辰已到，請公子回去吧！」

蘇邁走了之後，蘇軾在草枕下面摸索了半天，也沒摸著那包青金丹。他知道，青金丹已被蘇邁悄悄拿走了！

4

新一輪的提審開始了。

李定指著桌子上的一堆信箋文稿說道：「罪犯蘇軾，為了理清你的罪行，御史衙門已查詢了有關證人，取得了你的罪證。」他指著桌子上的《蘇子瞻學士錢塘冊》，問道：「上面的詩詞，都是你作的嗎？」

蘇軾看了看，說道：「是罪臣所作。」

李定：「本官問你，你在〈王秀才所居雙檜〉中，寫的『凜然相對敢相欺，直幹凌雲未要奇。根到九泉無曲處，世間惟有蟄龍知』。當今聖上是真龍天子，你卻說他是地下的蟄龍，這是對聖上的大不敬，你認罪嗎？」

蘇軾並未立即回答。

舒亶拍著桌子吼道：「若不認罪，大刑侍候！」

蘇軾不緊不慢地說道：「王安石大人曾寫過一首求雨的詩，詩中也寫過龍：『天下蒼生待霖雨，不知龍向此中蟠。』王大人豈不是也犯了大不敬之罪？」

舒亶氣得直翻白眼，他指著蘇軾說道：「你、你、你強詞奪理！」

蘇軾：「王大人寫這首詩的時候，呂惠卿和章惇兩位大人也在場，還稱讚王大人寫的好呢！如若不信，可去問問他們三位。」

李定連忙打斷了他的話，問道：「『豈是聞韶解忘味，爾來三月食無鹽』，是不是在譏諷朝廷的鹽法？」

蘇軾：「罪臣是親眼所見、親耳所聞，百姓們因買不到食鹽而吃竹筍──」

李定：「閉嘴！你只回答是與不是即可，話多掌嘴！本官再問你一句，此詩是不是譏諷朝廷的鹽法？」

蘇軾：「是。」

李定：「本官問你，你寫的『東海若知明主意，應教斥鹵變桑田』，是不是反對朝廷的水利之法？」

蘇軾：「是。」

李定：「你在吉祥寺寫的『一朵妖紅翠欲流』，是不是咒　朝廷新政是『妖紅』？」

蘇軾：「是。」

李定：「你寫的『化工只欲呈新巧，不放閒花得少休』，是不是把推行新法的大臣們比作化工，意指推行新法的花樣太多、連百花都受到殃及了？」

蘇軾：「是。」

李定：「你寫的『讀書萬卷不讀律，致君堯舜知無術』，是不是譏諷變法的大臣們讀書不當，無法輔佐聖上成為堯舜那樣的明君？」

蘇軾：「是。」

李定：「你在〈山村五絕〉中的第四首，寫的是『杖藜裹飯去匆匆，過眼青錢轉手空。贏得兒童語音好，一年強半在城中。』說農家弟子們拿了青苗錢就去城裡鬼混，半年就將手裡的錢花光了，是不是譏諷朝廷的青苗法？」

蘇軾：「是。」

李定見蘇軾害怕受刑、十分配合他的審問，心中竊喜，便又問了蘇軾寫的三個寓言：

第一個是〈日論說〉：一個一出生就雙目失明的人，不知道太陽是個什麼樣子。有人告訴他說，太陽像只銅盤，他敲了一下，聲音很響，以後聽見銅鑼聲就以為那是太陽。還有人告訴他說，太陽的光像蠟燭，他摸了摸，覺得蠟燭長長的。後來摸到了竹笛也以為是太陽。

李定認為這是攻擊朝廷的新政。

第二個是〈河蚌與螺螄〉：有一天，河蚌與螺螄在河邊沙灘上相遇了，螺螄說：你看我長的多好看啊！河蚌說：你長得婀娜多姿，確實比我漂亮。螺螄又說：老天不公啊，為什麼你有珍珠而我卻沒有呢？河蚌說：因為我什麼都讓人看得到，而你卻從頭到腳藏得嚴嚴實實的！

李定認為，蘇軾將支持變法的大臣說成是曲意迎奉的小人，而反對變法的人是正直之士。

第三個是〈燕子和夜梟〉：有一天，燕子和蝙蝠爭論起來，燕子認為太陽升起是一天的開始，而蝙蝠卻認為太陽落山才是一天的開始。因為爭論相持不下，便去請教鳥中之王鳳凰。它們走到半路上遇到了鴿子，鴿子說已經很久沒見到鳳凰了，是夜梟在代替鳳凰值班。

李定認為，蘇軾惡毒攻擊變法的當權者，說他們不是鳳凰而是夜梟！

對三個寓言，蘇軾都承認有罪。

提審完了，李定忽然狐疑起來，今天對蘇軾的提審為何如此順利？蘇軾認罪又為何如此爽快？他原本想立即讓蘇軾畫押簽名，但又一想，口供雖是蘇軾親口所述，但卻是書辦抄錄的。為了防止蘇軾翻供，就應讓蘇軾將他「訕謗朝廷、大逆不道」的罪名親筆寫下來，這樣他的不赦之罪就是鐵板釘釘了！他對蘇軾說道：「既然你已承認了所犯之罪，就由你自己寫下來，如何？」

蘇軾答道：「可以。」

李定吩咐何正臣：「給罪犯蘇軾紙筆墨硯，以三天為期，讓他全部寫於紙上。」他又轉頭問蘇軾：「三天時間夠了嗎？」

蘇軾：「三天已經足夠。」

堂審結束後，兩名衙役便將蘇軾扶回了死牢。

蘇軾有超人的記憶力，他只用了一天一夜，一口氣便寫了六十多張紙，在百餘首詩詞中摘出了評論新政的詩句，一共有四十多處，他寫的與原文一字不差！

寫完後，他倒頭便睡下了。

蘇軾之所以認罪並親筆寫下了供狀，一是知道自己必死無疑，不想再在烏臺受折磨了；二是自己一死也就一了百了，不會再連累師長、朋友和家人。

李定看了蘇軾親筆寫下的供狀，朝窗外瞥了一眼，見覓食的烏鴉們陸陸續續地朝烏臺飛來，頭頂上一片「呱呱呱」的叫聲，他感到了一種前所未有的滿足感，長長地舒了一口氣。

不過，此時此刻，就在烏臺高牆的外邊，營救蘇軾的風聲，已從紫禁城裡傳了出來。

第十六章
烏史臺和紫禁城，進行著絞殺和營救

1

宋神宗看過蘇軾的親筆供狀之後，不禁鎖起了眉頭。在供狀上，凡御史問的，他皆答一個「是」字，並無半句辯解；至於那些反詩，更經不起推敲。蘇軾是一介書生，也許他是懼怕受刑才作此下策的？

自蘇軾寫了親筆供狀之後，李定洋洋得意，這幾天一直等待著宋神宗的召見，他心中明白，烏臺詩案是大宋開國以來的第一大案，此案結案以後，自己功不可沒。

其實，烏臺詩案的始作俑者並非李定，而是蘇軾的另一位朋友、《夢溪筆談》的作者沈括！

沈括入仕後，因追隨王安石變法而受到器重，擔任過朝廷的三司使，是掌管朝廷財政大權的重臣。他不但博學且善文詞，對天文、地理、方志、音律、醫學、律書、曆書、卜算等無所不通，是當代的一位著名的科學家，「石油」一詞就是他最早提出來的，但他的人品卻遭到了人們的詬病。

熙寧六年（1073年），蘇軾任杭州通判時，宋神宗委派沈括為兩浙路察訪使、也就是欽差大臣，巡察江浙等地。他離開汴京時，宋神宗特別向他交待說：「蘇軾在杭州通判任上，朕很看重他。沈愛卿若遇到了蘇軾，可與他多多交往。」

沈括聽了，連連點頭。

到了杭州後，沈括果然與蘇軾交往密切，二人談論汴京舊事，詠

吟詩詞，同遊西湖，把酒論盞，無話不談。沈括離開杭州時，對蘇軾有些依依難捨，便懇請蘇軾寫首詩送他以作留念。因從汴京到杭州的政要大都喜愛蘇軾的手跡，蘇軾並沒有懷疑，像對待所有老朋友們一樣，一口氣抄錄了自己的三首詞送給了沈括，沈括十分感謝。

其實，沈括是個心計很深的人，他平時就對蘇軾的才華懷有嫉妒，他看到宋神宗對蘇軾如此欣賞和器重，更加刺激了心中的妒火。他知道蘇軾與王安石不和，於是回京後去見王安石時，除了稱讚青苗、助役等新法之外，絕不提新法不利百姓的弊端；還將蘇軾手錄的三首詞逐句作了分析，認為這些詞「皆訕懟」，並將其附在了察訪報告裡，呈給了宋神宗。

宋神宗看了之後，竟然置之不理！有人將這件事告訴了蘇軾，蘇軾心中坦蕩，認為宋神宗不會相信這種捕風捉影的言論。他還笑著說：「我的拙作，今後不愁沒有人呈給聖上御覽了！」

沈括未扳倒蘇軾，卻被他自己扳倒了！王安石二度罷相後，沈括便投靠了新任宰相吳充，他又撰寫了一份批評王安石平役法種種弊端的疏章，秘密獻給了吳充。吳充放在袖子裡，密呈給了宋神宗。宋神宗對他的反覆無常和搬弄是非十分反感，便將他貶出了京城，到宜州任地方官去了。

烏臺詩案發生的時候，與沈括被貶已事隔數年，他還遠在宜州任上。

雖然當年沈括未能將蘇軾關進烏臺大獄，但蘇軾卻在宋神宗心裡

留下了一個揮之不去的陰影：蘇軾雖然才華有餘，但為人處事謹慎不足。他想讓蘇軾接受教訓，但卻一直沒有機會，誰知七年之後，李定等人突然對蘇軾發難，才有了今天的烏臺詩案。

烏臺詩案，震驚天下。

蘇軾的交往很廣，除友人、同僚之外，還有眾多門生和追隨他的後起之秀，女詩人李清照的父親李格非和他的朋友們就是蘇軾門下的後四學士。另外，一些雖未與蘇軾交往但敬仰、喜愛他的人品和作品的人，也都密切關注著蘇軾的命運。而更關注蘇軾命運的，是出自朝廷上層和紫禁城後宮的聲音。

李定等人急切期待的那一天終於來了。一百多天來的日夜審問，想盡了種種辦法、使用了多種刑具，終於讓蘇軾認罪了，今天，就是決定他命運的時候了！他和舒亶、張璪等人早早地就到了崇政殿的臺階下。

不一會兒，王珪、蔡確和呂惠卿等人走了過來，他們是竭力支持彈劾蘇軾的反蘇派。李定低聲說道：「三位大人，蘇軾已經認罪了！」

三人聽了，只是點了點頭，表示已經知道了。

早朝剛剛開始，宋神宗便問李定：「李愛卿，蘇軾一案審理得還順利嗎？」

李定連忙出班答道：「啟稟陛下，對蘇軾一案的審理十分順利。經臣等多次提審，蘇軾已經認罪了。」

宋神宗：「他認的是何罪？」

李定：「『訕謗朝廷、大逆不道』之罪！」

此語一出，大殿裡一片譁然，此罪屬於百罪中的死罪，難道這是真的？

宋神宗又問：「可有證據？」

李定說道：「證據已經帶來了。」說著，連忙將《蘇學士子瞻錢塘冊》遞給了殿頭內侍，呈到了御案上。

宋神宗指著《蘇學士子瞻錢塘冊》笑著說道：「此冊朕這裡也有一本，是信玉長公主送給朕的。朕已讀過了，除了有些詞語不當、發了些牢騷之外，並無訕謗朝廷和大逆不道之罪啊！」

李定本指望這冊《蘇學士子瞻錢塘冊》就可將蘇軾送上黃泉路的，誰知道宋神宗卻輕描淡寫地放下了！他心中大驚，額頭已冒出了汗珠，連忙轉頭向舒亶、何正臣、張璪示意。

舒亶出班奏道：「陛下，蘇軾已承認寫過反詩，這是證據。」說完遞上了一卷抄錄的詩詞。

宋神宗看得十分仔細。

李定以為，宋神宗看過之後一定會火冒三丈。為了再加一把火，他連忙向何正臣示意。

這時，何正臣出班奏道：「御史臺已將蘇軾所犯之罪的案卷整理

完畢，共有十五卷，其中第一卷是御史對蘇軾一案的定論。請求聖上對蘇軾處以斬刑！」

宋神宗聽了，並未理會呈到御案上的案卷：「在這些詩裡，哪首詩是反詩呢？」

李定：「臣以為〈王復秀才所居雙檜〉是首反詩。」

因昨夜李定已向王珪說過，此詩有暗示聖上之嫌。王珪連忙出班幫李定說話：「陛下，臣以為蘇軾因怨恨得不到陛下的重用，便與陛下離心離德，願到九泉之下去結識地下的蟄龍，這是對陛下的大不敬，屬犯不臣之罪！」

宋神宗皺了皺眉頭。

蔡確也出班說道：「臣贊同王大人所言。龍，只有天上才有。陛下貴為天子，即是天上真龍，而蘇軾卻要去與地下的蟄龍為伍，其反心昭然若揭！不殺不足平我等臣子之憤，懇請陛下准御史臺所奏，斬決蘇軾！」

宋神宗對宰相吳充說道：「吳愛卿，朕想聽聽你的意見。」

吳充繞開了蘇軾的案子，他說道：「臣以為，太皇太后的病情近日有所加重、令天下不安，朝野無不憂心如焚。臣請求陛下大赦天下，以求上蒼護祐太皇太后。」

李定見宋神宗對蘇軾一案一直遲遲不肯表態，心中已在害怕，聽了吳充的請求大赦天下一席話，更加慌張起來，便和舒亶、何正臣、

張璪、李宜之等紛紛出班，請求斬決蘇軾。舒亶見宋神宗仍未表態，跪在地上不肯起來，哭著說道：「為了乞求太皇太后安康，陛下可大赦天下罪人，唯不可赦免蘇軾！」

翰林學士章惇既是蘇軾的朋友，又是他的政敵，蘇軾曾多次抨擊過他，他也毫不客氣地進行反擊，二人積怨頗多。他不想牽連進此案之中，便採取「黃鶴樓上看翻船」的態度，一直冷眼旁觀事態的發展。他已察覺到宋神宗並無殺害蘇軾之意，又見李定等人氣焰過分囂張，其禍心暴露無餘、已引起了朝臣們的不滿，便出班奏道：「陛下，臣雖與蘇軾有隙，但他忠君愛民，絕無不臣之心。再說，太皇太后病體未愈，不宜大開殺戒，應大赦天下，以為太皇太后祈福！」

舒亶本以為章惇會替自己說話的，誰知道他竟站在了蘇軾一邊！他十分惱火，問道：「章大人，在下不明白，斬決大逆不道的蘇軾，與太皇太后的病情有何關係？」

章惇一聽，立即暴跳起來，他朝前走了兩步，指著舒亶的鼻子說道：「舒亶小兒，你得意忘形、口出狂言，是對陛下和太皇太后的大不敬！臣請求陛下，將這個狂妄之輩趕出朝廷！」

舒亶本來想急於求成斬決蘇軾的，不料惹惱了這位重量級的大臣，心已卻了三分，連忙退回去了。

大殿裡一下子安靜下來，大臣們都目不轉睛地望著宋神宗。

宋神宗指著御案上的詩稿說道：「古人曰：『詩以言志』，『志在刺諷』。《詩經・大序》上說：『吟詠性情，以風其上。』以風其上就

是詩要諷刺君主，君主看了，才會明智。如果斷章取義、以詩定罪，那部《詩經》豈不是罪大惡極了嗎？」

他意猶未盡，轉頭看了看王珪，繼續說道：「在古代，以龍為名的人很多，東漢的荀淑有八個兒子，都有才名，被人稱為荀氏八龍；蜀國宰相孔明，自號臥龍；東吳大將趙子龍，他們都不是帝王，也未因龍字獲罪。對蘇軾寫的蟄龍，不可牽強附會、以字廢詩！」

大殿裡鴉雀無聲，大臣們都在琢磨宋神宗說的每一個字，而李定等人都聽得心神不寧。

這時，吳充從衣袖裡取出一份奏章，說道：「王安石大人聽說蘇軾已經入獄，他派人連夜送來奏章，託臣呈於陛下。」說完，將奏章呈了上去。

王安石在奏章中先問了太皇太后的病情是否已有好轉，又問宋神宗讀了哪些書籍，勸他讀書不可超過子夜，寫得情真意切。最後提到了烏臺詩案，他說：凡是聖明之君，在清明之世，絕不會誅殺才華出眾的臣子。

一言而決！就是王安石的這句話，才讓宋神宗最後拿定了主意。

宋神宗向內侍殿頭看了一眼，內侍殿頭連忙上前扶他。

李定等人看到即將散朝，再次出班陳情，跪在地上不肯起來。他們不但要求處斬蘇軾，還要嚴懲司馬光、張方平、王詵、王鞏、范鎮、黃庭堅、米芾等一批大臣和文士。

內侍殿頭高聲喊道：「退——朝！」

不一會兒，大殿裡就人去殿空了。

2

一回到御史臺，李定就對當值的衙役們說道：「備刑，提審罪犯蘇軾！」

御役有些奇怪，蘇軾不是認了罪嗎？還提審他做什麼？他們望了望李定那張鐵青色的臉，便連忙去了死牢。

李定以為，呈上了蘇軾的供狀和他的罪詩之後，神宗皇帝一定會龍顏大怒，文武百官們也一定會口誅筆伐，蘇軾必死無疑！他的同黨們也會因此受到株連而被貶官罷職。誰知完全超出他的預料，他在朝會上不但未達到預計的目的，反而差一點下不了臺！他要將滿肚子的怨恨都發洩在蘇軾身上！

由於連續數日未受到重刑，蘇軾已能勉強站起來了，只是邁步還十分艱難，兩名衙役只好連扶加拖地將他押到了大堂。

李定問道：「罪犯蘇軾，本官再次問你，你可有罪？」

蘇軾：「蘇軾有罪。」

李定：「你有何罪。」

「罪犯蘇軾所犯之罪，已親筆錄過，並在上面簽名畫押了，難道大人忘記了嗎？」

「放肆！」李定聲嘶力竭地喊道：「是本官審你，還是你審本官？」

蘇軾連忙說道：「大人是御史，蘇軾是罪犯，當然是大人審蘇軾！」

李定：「罪犯蘇軾嘴硬，掌嘴二十！」

話音剛落，兩名衙役上前，「劈劈啪啪」地一陣摑掌聲之後，蘇軾已滿嘴是血，但仍然不服：「請問御史大人，難道蘇軾說錯了嗎？」

李定：「再掌二十！」

又是一陣「劈劈啪啪」的摑掌聲。

……

被押回死牢之後，蘇軾掙扎著靠牆坐著。他知道自己不死，李定等人是絕不會甘休的。於是，他也作了死的打算：與其天天遭受酷刑毒打、生不如死地活著，倒不如早死為好。因為蘇邁拿走了青金丹，自己無法吞藥自盡，於是就想激怒御史，以求速死！

當天晚上，蘇邁準時送來了牢飯，因白天受到兩次刑，蘇軾的嘴已腫得張不開了，只勉強喝了半碗米湯，他悄悄與蘇邁約定：平時送飯，一如往常；若打聽到對他執行斬決的日期後，就在他的碗裡放一條魚！

蘇邁聽了，連忙說道：「我不送魚，父親也不會死的！」說完，抱著蘇軾大哭起來。

探監時辰到了，蘇邁抹著眼淚離開了牢房。

王才有每天都命獄卒梁成端來一盆熱水幫蘇軾洗腳，並說熱水洗腳可通腳筋脈絡，能緩解傷口的疼痛。蘇軾見梁成忠厚可靠，便對他說道：「看來，我的死期快到了，我給弟弟寫了兩首詩，拜託你設法送出去，作為生死訣別。弟弟看到了我的信，我就死也瞑目了。」

梁成連忙安慰他說：「好人命大，蘇大人一定能活著走出御史臺的。」

安慰歸安慰，梁成還是將兩首詩揣進了懷裡。

蘇邁回到老宅以後，蘇炎對他說，南京送來了板鴨和治傷的一張藥方子。他接過藥方子一看，藥方下面有一行字：可去東郊徐家藥莊抓藥。

第二天一大早，蘇邁讓蘇炎到集市上買菜、替自己去送牢飯，交代完了以後，便匆匆出門走了。

蘇炎剛要出門時，黃庭堅來了。聽說蘇炎要去買菜，便說：「蘇大人愛吃魚，待我去買條新鮮鯉魚，讓蘇大人補補身子。」說完，便直奔南門集市而去。

他在集市上看了一圈兒，雖然有人賣魚，但因是昨日捕的，大都不太新鮮了。他忽然想起了一個地方：有一次，他路過黃河邊上一個

大水塘時，見塘邊有不少人在釣魚，而且釣的都是紅尾金鱗的黃河鯉魚。於是，他便去了黃河大堤旁邊的那個水塘。

大塘邊果然有人在釣魚，他們將釣到的魚放在一隻竹筐裡，又將竹筐泡在水裡。他看了幾個魚筐，筐中雖然有魚，但都不大。他在塘邊看了一會兒，忽然聽見有人喊道：「快，上鉤啦！」接著看到一個漢子釣上了一條紅尾金鱗的大鯉魚，大約有一斤多重。

黃庭堅對他說道：「請把這條魚賣給我吧！」

那漢子搖了搖頭：「不，我要留著燒了佐酒。」

黃庭堅央求他說：「我有位朋友病得很重，想吃黃河鯉魚，你若肯賣，我願多付錢買下。」

那漢子聽了，笑著說道：「先生敬友重義，你就將魚捉去吧！」說完，在荷塘裡摘了一大片荷葉，將魚包好，交給了黃庭堅。

當年在杭州時，有一天黃庭堅和晁補之等人去拜訪蘇軾，蘇軾曾下廚烹了一尾西湖鯉魚，吃起來鮮嫩可口，蘇軾還將烹魚的方法和佐料告訴了他。今天，他要照葫蘆畫瓢，烹一尾黃河鯉魚，蘇軾吃了一定非常高興。

誰知這尾黃河鯉魚，卻惹出了一場天大的誤會。

天色已晚，黃庭堅將烹好的黃河鯉盛在一隻蓋盤中、放在竹籃裡，讓蘇炎送到了御史臺的側門，託梁成將飯籃帶進了牢。

蘇軾接過竹籃，剛剛打開盛菜的蓋子，兩隻手便僵在那裡了，臉色變得煞白，嘴裡喃喃著卻說不出一個字來！

梁成見了，問道：「蘇大人，快吃飯吧，魚快涼了。」

蘇軾聽了，眼淚忽然「嘩嘩」地流了下來。

梁成：「蘇大人，你哪裡不舒服？」

蘇軾指了指菜盤中的鯉魚，說道：「我吃了這條黃河鯉魚，也就離死期不遠了。」

梁成聽了，大吃一驚，連忙問道：「蘇大人怎麼知道的？」

蘇軾嘆了口氣，便將他與蘇邁商定以送魚為暗號的事告訴了梁成。梁成聽了，頓時淚流不止，不知如何安慰他才好。

過了一會兒，蘇軾說道：「既然這尾鯉魚是來為我送終的，那好吧，我吃了它就該上路了。」說完，拿起竹箸就吃。

梁成轉身出了牢房，不一會兒又提著一只錫壺進來，說道：「有魚不可無酒，來，我敬大人一杯。」說完，將酒杯遞給了蘇軾。

蘇軾笑著說：「這輩子，你我是朋友；下輩子，你我還是朋友。」說完，將酒一飲而盡。

梁成邊抹淚邊為他斟酒，蘇軾似乎忘了吃魚意味著什麼，當他喝完了壺中之酒時，也將那尾黃河鯉魚吃了個乾乾淨淨。

不知是因知道了自己的死期已到，不再遭受辱　毒打、感到已經解脫了，還是多日不曾飲酒、今晚已經半醉，他感到身上漸漸麻木起來，傷口也不再鑽心地疼了，眼皮也沉重起來，他順勢向鋪草一躺，不一會兒，就鼾聲如雷了。

梁成正在收拾飯碗，忽見王才有領著一位老宮人走來。他想，深更半夜的，宮中的太監來幹什麼？

王才有附耳對他說道：「你去吧，此事不得告訴他人，記住了嗎？」

梁成走了之後，宮人悄悄走進死牢，在蘇軾旁邊找了個地方便睡下了。

也不知道過了多少時辰，蘇軾似乎聽見了開鎖的聲音，他以為又要提審自己了，便睜開了眼。但他看見的不是御史臺的衙役，而是老獄吏王才有。

王才有提著燈籠進了牢房之後，推了推宋公公，說道：「公公，時辰到了，轎子已在門口候著了。」

蘇軾這才發現，原來自己身邊還睡著一個犯人！他大吃一驚，借著燈光一看，這個犯人原是內侍郎林遠！

林遠起來後，拍了拍身上的草屑，笑著對蘇軾說道：「恭喜蘇大人，請蘇大人安心睡吧！」說完，便隨王才有離開了牢房。

他們走了之後，蘇軾仍然難以斷定：是做了一個夢，還是看花了眼？他迷迷糊糊地想了一會兒之後，又打起鼾來。

3

宋神宗天性孝順，因為近日天氣炎熱、宮中暑氣不散，他便將太皇太后曹氏送到了芳林苑的金華宮休養。

早朝散後，他在一隊內侍們的簇擁下急急去了金華宮，去為他的祖母請安。

曹太后因年事已高，近來常感胸口發悶、雙手亦感發麻，起床之後便坐在榻上服藥。突然宮女進去報告：「聖上親駕，前來問安。」

曹太后剛想起來迎駕，宋神宗已經進來了。他拜過祖母之後，又親自為她捧著藥盅，侍候她喝下了藥湯。

太后看了看自己的皇孫，見他一臉的倦意、眼裡還佈有血絲，有些心痛，問道：「陛下，是不是又熬夜了？有什麼為難的事嗎？」

宋神宗：「稟皇祖母，有御史彈劾蘇軾有罪，又有不少大臣站出來為他辯解，孫兒一時難以決斷，昨日看了一夜的案卷，只是覺得有些疲乏罷了。」

其實，曹太后已聽說蘇軾遭到了彈劾並已關進了烏臺大獄，只是不知道他犯了何罪，便問道：「彈劾蘇軾犯了何罪呀？」

宋神宗：「他犯了『訕謗朝廷，大逆不道』之罪。」

曹太后聽了，連忙問道：「可有證據？」

宋神宗：「有，是蘇軾寫的一些詩詞。」

曹太后聽了，笑著說道：「老身還以為是什麼殺人放火的大罪呢！大概是他因才受妒、得罪了人，會不會有人從雞蛋裡找骨頭、非得給他定個罪不可呢？」

見宋神宗低頭不語，她將自己的皇孫拉到榻邊坐著，說道：「提起蘇軾的詩來，不但先帝和老身都曾讀過，趙氏宗族的子弟哪個沒讀過？天下之人讀蘇詩的人成千上萬，難道讀的都是罪詩？」也許是過於激動，她說到這裡時咳嗽不止。

宋神宗見了，一面為她捶背，一面說道：「請皇祖母息怒，孫兒只是讓御史將他拘來審察，並未定他之罪。」

曹太后又問：「蘇軾的案子誰是主審啊？」

「御史中丞李定。」

「李定？就是當年那個母喪不報、被蘇軾斥為不忠不孝的那個李定？」

宋神宗：「是他。」

也許此事觸動了她對往事的回憶，她漸漸激動起來，鼻子一酸，眼圈已發紅了。她嗚咽著說道：「嘉祐二年，先帝讀了蘇軾的二十五篇進策之後，喜得合不攏嘴。他將蘇軾擢為殿試第一，許為翰林學士。他回到後宮，曾對老身說過：『今年秋試，朕為兒孫們覓得了兩位宰相之才，一個叫蘇軾，一個叫蘇轍，還是親兄弟倆呢！』如今倒

好，先帝為你覓得的宰相之才卻被你投進了烏臺大獄！」沒說完，已泣不成聲了。

見曹太后如此傷心，宋神宗連忙跪下，說道：「孫兒不孝，惹皇祖母生氣，請皇祖母懲罰孫兒吧！」

這時，宋神宗的母后以及已出嫁的魏國長公主前來向曹太后請安，看到曹太后正在生氣，便一起跪在了宋神宗的身後，懇求曹太后息怒。

曹太后對他們說道：「你們都起來吧！」

她讓魏國長公主坐在自己的身邊。因為她已聽說附馬王詵是蘇軾的摯友，因蘇軾的案子，御史臺曾派人去駙馬府索要蘇軾的信箋和文稿，她怕魏國長公主受到委屈，便派人將她接進宮來住幾天。

見曹太后的情緒已漸漸平息下來，宋神宗對她說道：「孫兒本心也不想重罰蘇軾，只是他口直心快，又加上才華出眾，才得罪了一些人，孫兒只是想嚇一嚇他、給他一個教訓，他今後為人處事就會謹慎些了。」

曹太后聽了，點了點頭。

宋公公將一張詩箋呈給了宋神宗，說道：「陛下，蘇軾在御史臺獄中寫了兩首訣別詩，是獄卒冒著殺頭之罪送出來的，讓奴才呈給陛下，請陛下御覽。」

宋神宗接過後，連忙遞給太后先看，曹太后便讓魏國公主念給她聽。

這兩首詩的題目是：〈予以事係御史臺獄，獄吏稍見侵，自度不能堪，死獄中，不得一別子由，故作二詩，授獄卒梁成，以遺子由〉。

長公主念完第一首時，曹太后面有悲戚之容。她接著念起了第二首：

聖主如天萬物春，小臣愚暗自亡身。
百年未滿先償債，千口無歸更累人。
是處青山可藏骨，他年雨夜獨傷神。
與君今世為兄弟，更結來生未了因。

魏國長公主剛剛念完，曹太后又悲從心來。她說道：「皇孫兒還說是嚇一嚇蘇軾！人之將死，其言也善，在這首詩中，蘇軾承認自己愚暗，是自取身亡，但他並沒有怨恨皇孫兒，可見他的忠君之心了。」

宋神宗連連點頭。

長公主說，她想去洛陽的白馬寺為曹太后許願，求神靈保祐曹太后，眾人都表示贊同。

宋神宗說：「朕準備下詔大赦天下，為皇祖母祈福求壽。」

曹太后聽了，笑著說道：「長公主就不需興師動眾去洛陽許願了，也不需大赦那些窮兇惡極之徒，只求陛下赦免蘇軾一人，老身的病就可痊癒了。」

眾人聽了，齊聲稱好。

剛回到保和殿，見內侍郎林遠已等候在殿前了，他招了招手，林遠便隨他進了大殿。

宋神宗問他：「朕吩咐的事，辦得如何？」

林遠連忙跪下，說道：「奴才昨晚子時進了知雜南院，宿於蘇軾的死牢，見蘇軾並無異常，只知呼呼大睡。」

宋神宗自言自語地說道：「是啊，心中坦然，方能睡得安穩。」

林遠十分瞭解宋神宗的愛好，他發現，進餐時，每當宋神宗舉著竹箸卻不動嘴時，必定是在讀蘇軾的文章。蘇軾出京任職之後，每有新作傳進宮來，宋神宗都會當著大臣們的面吟哦，讚美有加，這也使得蘇軾的政敵對其漸生恨意。當宋神宗看了李定送來的供狀之後，似信非信，一直拿不定主意。他以為既然蘇軾承認了「訕謗朝廷、大逆不道」，必會心事重重、徹夜難眠，於是才派林遠悄悄進入蘇軾的死牢，以觀察蘇軾的動靜、神態。

林遠還告訴宋神宗說，他一進牢房，就聞到了一股令人作嘔的惡腥之味，蘇軾身上已遍體鱗傷，御史們審案的刑法也太狠毒了！

宋神宗聽了，眉頭鎖在了一起。

4

剛過臘月，太皇太后曹氏駕崩，朝野舉哀。

刺骨的北風卷著細碎的雪花漫天飛舞著，御史臺的柏樹因葉子不落擋住了陽光，烏鴉們的叫聲也顯得有些有氣無力，御史臺籠罩在一片陰冷之中。

李定知道，蘇軾的案子朝廷雖然未定，但也並未駁回，神宗皇帝似乎還在猶豫之中。於是，他又連夜提審蘇軾，想再挖出一些蘇軾的新罪。

再度提審時，他單刀直入，問道：「罪犯蘇軾，你與左將軍王詵有何財物上的來往？須從實招來！」

蘇軾：「王大人曾送罪臣酒、茶、鮮果等物，次數頗多，都進了肚子，已記不清數量了。」

李定：「還有呢？」

蘇軾：「王大人還給了罪臣一張弓、十支箭、十個包指，罪臣狩獵時用光了。他還幫罪臣裱了二十六幅畫軸，未收裱糊錢。」

李定：「還有沒有？」

蘇軾想了想，說道：「罪臣在杭州任通判時，王大人還送我茶、藥、紙、筆、墨、硯、鯊魚皮、紫茸氈等物，罪臣嫁甥女時，先向王大人借錢三百貫，後再續借一百貫，至今未還。」

李定：「你回贈王詵何物？」

蘇軾：「罪臣曾送他羊羔兒酒四瓶、乳糖獅子四個以及龍腦面花象板、裙帶繫頭和綢緞之類。」

「你贈他的詩詞，本官已取得，他贈給你的詩詞呢？」

「王大人確實贈過詩詞給罪臣，但都是酒宴時的吟詠，屬逢場作戲之作，並未留下文字，過後也就忘了。」蘇軾知道御史臺在搜羅王詵的罪證，他十分警覺，答得一字不漏。

這時，忽有當值衙役來報：「內侍郎中陳牟大人到！」

李定命人將蘇軾押回牢房，將陳牟迎進了大堂。

陳牟說道：「聖上派遣下官前來，複審蘇軾之案。」

得知陳牟是宋神宗派來的，李定心中十分高興。他除了將審過的案卷讓他複審外，又將蘇軾與王詵之間相互贈送禮品的清單也拿給了陳牟。陳牟看了，笑著說道：「這等雞毛蒜皮事，焉能定罪？」

雖然陳牟是位內侍，其官職也不及李定，但李定還是唯唯諾諾地陪在他的身邊，因為陳牟是宋神宗親自派遣來的，他的話還是頗有分量的。複審了兩天之後，陳牟認為，審案中錄問無異。他為蘇軾定的罪名是：以文字訕謗朝政及中外臣僚，應處徒刑兩年！

兩年？蘇軾犯了如此嚴重的重罪，只處兩年徒刑？

李定問道：「陳大人，你沒說錯吧？」

舒亶聽了，像瘋了一般，他大聲嚷著：「蘇軾已犯死罪，應立即斬殺，以謝天下！」

陳牟橫了舒亶一眼，頓了頓，朗聲說道：「案在大赦之期，蘇軾之罪，應予恩赦。」說完頭也不回地離開了御史臺。

眼看就要大功告成了，誰知卻功敗垂成，不但殺不了蘇軾，連兩年的徒刑都免了！不行，絕對不行！他們當即商定：今晚分頭行動，舒亶、何正臣、張璪去拜訪王珪、呂惠卿、蔡確，李定連夜撰寫奏章呈送神宗皇帝。

其實神宗皇帝對蘇軾一案十分謹慎，他聽了陳牟的複審報告後，又派散騎朝議郎馮宗道前往御史臺，馮宗道再次複審了蘇軾的案卷，回宮報告了宋神宗。

臘月二十八日，天氣放晴，雖然仍然寒冷，但汴京大街上人來人往、十分熱鬧。因為除夕將至，人們紛紛前往集市採辦年貨。但汴京的官員們卻都匆匆地趕往崇政殿。

早朝剛剛開始，內侍殿頭就大聲說道：「今日朝會，請諸位大人用心聆聽陛下聖訓！」

他的話音剛落，大殿裡頓時安靜下來，大臣們的目光都緊緊盯著宋神宗，不知道今天他會訓些什麼？

宋神宗慢條斯理地說道：「諸位愛卿，蘇軾一案，經御史臺審訊查證，朕已過問數次，現已結案。」說到這裡，他向左右兩邊的官員們巡視了一眼，繼續說道：「蘇軾死罪得免，活罪當罰！」

他剛說到這裡，大殿裡便響起了一片議論之聲，有的人喜形於

色，也有的人哭喪著臉。天子之言，一言千鼎，李定等人縱使有一萬個不願意，此時此刻也不敢說半個不字！

這時，宰相吳充走到殿前，他手持詔書，大聲念道：「陛下聖諭，蘇軾責授檢校尚書、水部員外郎充黃州團練副使，本州安置，不得簽書公事。令御史臺差人轉押前去；

絳州團練使、駙馬都尉王詵，追兩官，勒停（停職）；

著作佐郎、簽判應天府判官蘇轍，監筠州鹽酒稅務；

正字王鞏，監冀鹽酒務，令開封府差人押出京城，督促赴任……」

接著，他又宣讀了對二十二位官員的處罰：

張方平、李清臣各罰黃銅三十斤；

司馬光、范鎮、劉頒、陳襄、曾鞏、黃庭堅、王安石等二十人各罰黃銅二十斤。

宣讀完了，崇政殿裡一片歡騰。

驚動朝野的烏臺詩案，終於劃上了一個句號。

因那一年的臘月只有二十九天，蘇軾走出御史臺時，正逢除夕。蘇邁、蘇炎扶著他向老宅走時，大街上那些忙著掃庭院、貼春聯的人家見蘇軾來了，紛紛點燃了炮竹，向他祝賀，不絕於耳的鞭炮聲催濃了過大年的味道。

蘇軾悄悄問蘇邁：「家中還有酒嗎？」

蘇邁：「不但有酒，還有雞鴨和鯉魚呢！」

蘇軾：「魚，就免了吧！」說完，情不自禁地大笑起來。

第十七章

初貶黃州，便有了「東坡居士」的名號

1

元豐三年（1080年）正月初一，汴京城裡一片歡騰，一支舞獅隊剛剛在汴河南岸擺開了架式，一支舞龍隊已在北岸舞起了一條十多丈的金龍。有人在銅雀臺旁邊踩高蹺，有人在金明湖畔跑旱船，鑼鼓聲和鞭炮聲在大街小巷此起彼落，門前的紅燈籠映著大門上的春聯。當全城都在歡度新春的時候，蘇軾被兩名御史臺的差役押解著上路了，因他腿上有傷，便騎著一頭毛驢，蘇邁緊隨其後，一行人從南門出了京城，匆匆向千里之外的黃州趕去。

剛出京城時，還是天寒地凍、北風刺骨；過了黃河之後，便覺得寒意漸弱。當走到河南光山和湖北麻城交界的春風嶺時，見路邊小溪已經解凍，溪水潺潺。溪旁有數株梅花樹，東風吹過，梅花落進溪中，在水面上冉冉漂浮著；山坡的枯草叢中已露出些許的綠意。蘇軾在溪邊洗了洗臉，頓覺一陣清涼。望著眼前的野梅、野山和野趣，他忽然有了靈感，詠了一首〈春風嶺梅花〉：

何人把酒慰幽深，開自無聊落更愁。
幸有清流三百曲，不辭相送到黃州。

剛詠完了，忽聽前面傳來一陣「得得得」的馬蹄聲，眨眼工夫，見三名騎者已疾風般地馳到了跟前，在距蘇軾約有丈餘的地方突然勒住了馬頭。

他們是什麼人？在這荒山野嶺上，他們想幹什麼？正在蘇軾疑惑時，兩名差役連忙抽出了佩刀、警惕地望著三名不速之客。

在三名騎者中，居中的是位中年男子，他披著一襲白色斗蓬，騎著一匹白馬，頭戴一頂五彩色的高帽，看樣子有三尺多高，身掛一柄長劍，頗為威武，有游俠之風；左邊的年輕騎者身披紫袍，腳穿紫靴，騎著一匹棗紅色的駿馬；右邊也是一名年輕騎者，騎的是一匹藏青色的駿馬，身披藏青色的袍子，二人的腰間都掛著一柄長劍。蘇軾想，他們大約是山中的綠林，擋在前面討「買路錢」？

對面的中年男子朝蘇軾打量了一會兒，問道：「來人可是蘇軾大人？」

「我就是蘇軾。」蘇軾覺得此人面善，但一時又記不起來在哪裡見過，遲疑地問道：「你是……」

「陳慥！」中年男子說，「我們在鳳翔見過面。」

「啊！」蘇軾驚訝地問，「鳳翔陳太守的公子？一別多年，你又是這身打扮，讓我真認不出來了。」

陳慥跳下馬來，雙手抱拳，說道：「在下現是岐亭方士，特來迎接蘇大人。」

蘇軾聽了，放下心來，笑著說道：「原來是陳老弟啊，你我在這裡相見，實在是幸會。」說著，連忙下了毛驢。

陳慥緊緊拉住蘇軾的手，說道：「在下聽說蘇大人身陷烏臺詩案後，被貶謫黃州。這裡是前往黃州的必經之地，故而才常在這裡等候。老天有眼，今天終於將蘇大人等到了！」又吩咐兩名年輕騎者：「紫霞、青雲，快拜見蘇軾大人！」

兩名騎者連忙向前施禮。

蘇軾驀然發現，兩名騎者原來是身著男裝的女子！

陳慥指著遠處說道：「在下的寒舍就在岐亭，請大人和公子到寒舍小住幾日，嘗嘗寒舍釀造的封缸酒。」

蘇軾顯得有些為難，轉頭朝兩名差役看了看。

陳慥說道：「請兩位行個方便吧！」

兩名差役見他並無他意，再說，一路上曉行夜宿，苦不堪言，巴不能有個地方歇上幾天，便爽快地答應了。於是，陳慥讓蘇軾和蘇邁各騎一匹馬，由兩名女子牽著韁繩。一行人離開驛道，沿著一條山路朝岐亭而去。

陳慥是鳳翔太守陳希亮的公子，也是蘇軾早年結識的朋友。蘇軾當年任鳳翔通判時，二人曾相約策馬射獵、奔馳於山林之中；射獵累了，便坐在山石上飲酒論詩。陳慥雖有天賦，但不喜讀書，更不肯入仕從政，但談起兵事或俠客，卻津津樂道。少年時他崇尚古代俠義行為，也想當「十步殺一人，千步不留行，事了拂衣去，深藏身與名」那樣的俠客。不過，俠客沒當成，卻成了一個行蹤不定、視金錢如糞土的浪子。他曾對蘇軾說過，他遊歷天下時，看中了湖北麻城的岐亭，說那裡的山川秀麗、溪水甘冽、杏花紅豔，所釀之酒為酒中之冠。他決定在那裡築舍定居修煉道術，研習養生，並自稱為「靜庵居士」，取號龍邱子。二人還曾約定，若今生有緣，便在岐亭聚會。蘇軾無論如何都不曾想到，世事變幻難以預料，十九年後，二人竟然真的在岐亭相聚了！這是巧合，還是天意？他一時想不明白。

二人手攜著手並肩而行，蘇軾指著他的那頂形狀古怪的高帽問道：「陳老弟，你戴的是什麼帽子？」

陳慥連忙摘下，托在手上，笑著說道：「愚弟的這頂帽子，叫做『方山子冠』！」

蘇軾不解：「方山子冠？」

陳慥：「對，愚弟是從《後漢書》上學來的。」說完，又將高帽戴在頭上。

蘇軾向身後的女子指了指，問道：「她們是──」

陳慥：「她們呀，一個叫紫霞，一個叫青雲，她們不但有文采，且喜劍術，是愚弟的兩個常隨侍者。」

蘇軾心想，這兩位英爽的女子應是他的侍妾或歌姬才對。他想起了一件往事。當年陳慥從洛陽回四川省親時，曾攜兩名嬌豔如花的侍妾隨行，並讓她們身著戎裝、束青巾玉帶、腳穿紅靴，騎在高頭大馬上招搖過市，惹得鄉人紛紛圍觀，都嘖嘖稱奇。他遊山玩水中遇到絕佳的景色時，便停下來，盡情賞玩數日之後再重新上路，是一個玩世不恭的「五陵少爺」。

「陳老弟，柳夫人好嗎？」蘇軾問道。

「好啊，不過還是老樣子，嗓門高、脾氣大、醋味重。」

蘇軾又問：「老弟攜美人策馬出遊，夫人容許嗎？」

陳慥悄聲說道：「這還是她的安排呢！」見蘇軾不信，接著說道：「她怕愚弟在外邊惹事生非，才讓她們隨行的，一是侍候愚弟，二是提防野狐們近身！」說完，放聲大笑起來。

蘇軾聽了，也會意地笑了。

柳氏是山西河東的名門望族，所以叫河東柳氏。唐代著名散文家柳宗元的別號就叫柳河東，其文集也取名《河東集》。因此，人們也稱陳慥這位柳夫人為「河東夫人」。她雖然出身豪門，但生性剛烈，發起怒來簡直如同一頭獅子。她對陳慥雖然管束得十分嚴厲，但在家中還是能夫唱婦隨，遵循著男主外女主內的習俗。聽說丈夫要去等候路過的蘇軾，她一大早就起來了，命人打掃庭院、殺豬宰羊、置辦菜肴，還讓家妓們梳妝打扮，穿上鮮亮服飾。她是個十分要強的女子，陳慥臨出發時，她又特意讓紫霞和青雲兩名歌妓隨同前去，一是讓丈夫在客人面前不失身份，二是向客人表明自己不是個愛吃醋的人。

現在看來，間諜常用的美女臥底的策略，竟是這位河東夫人發明的！

剛剛翻過一座山嶺，見前面是一大片杏林，枝頭雖然尚未結苞，但枝條已經柔軟，再過月餘，定然是一片如火似茶的杏花天！在杏林旁邊有塊木匾，上面寫著「杏花村」三個大字。在杏林深處，能看見房舍的屋頂和裊繞的炊煙。陳慥說道：「看，前面就是愚弟的寒舍。」

蘇軾略略數了數，前前後後有十餘座房舍，雖說不夠豪華，但都十分寬敞。

剛剛走到前院，河東夫人便率領著家妓、僕人們迎了上來。她深深向蘇軾施了一禮，笑著說道：「蘇大人能來寒舍，是賤妾的榮幸啊！」

蘇軾連忙還禮，說道：「在下和弟妹已有多年不見了，弟妹還是當年的那種風采！」

河東夫人：「一晃就是十九年，人已成了黃臉婆了！」她朝紫霞和青雲說道：「蘇大人一路辛苦了，快將蘇大人扶到客廳！」

進了客廳，蘇軾見桌椅家俱皆很笨重，顯然是當地木匠打造的，不但粗糙，且未塗油漆，顯得有些寒酸。其實，陳家在河北置有不少田產，每年僅收帛就有數千匹之多，在洛陽還有園林豪宅，富麗堂皇，不亞於王公貴胄們的府第；在四川老家，還有不少祖產。但陳慥卻棄而不用，甘願在岐亭隱居。他轉而一想，陳慥遠離了京城的種種繁華、拋棄了唾手可得的富貴，成了一個被世人遺忘的人，這是他學道之後的的大徹大悟。而自己呢？卻總是為名所累，在仕途上奔波、在宦海裡沉浮，自己不及陳慥！

不知是杏花村釀的酒太烈，還是在貶道上遇見了故人，蘇軾心裡格外激動。他連飲了三杯之後，便感到頭重腳輕起來，不一會兒，便在座位上睡熟了⋯⋯

在杏花村裡住了五天之後，蘇軾才依依不捨地告別了陳慥和河東夫人，一行人繼續南行。

2

黃州城坐落在長江北岸，是一座古老的小城。在城西北有一座聳立如壁的小山，因山石呈赤色，當地人都叫它為赤壁山。蘇軾看到東去的長江不斷地撞擊著赤壁山的石壁，濺起了叢叢浪花，江中有漁舟數隻，漁人正在撒網捕魚。在一片竹林旁邊，一位老農刨出了剛剛出土的新筍，竹林中鳥兒的啼聲不絕於耳。他覺得黃州陌生而又新鮮，但他不敢逗留，匆匆前往黃州府衙「告謁」，也就是報到。

黃州太守徐大受是個十分隨和的人，他原本想以公家名義設宴為蘇軾接風，但判官洪仁善提醒他說：「徐大人，下官以為，蘇軾乃是謫來黃州的有罪之臣，不能以長官之格宴請。」他聽了之後，只好在家中備下了酒菜，為蘇軾接風。

二人在客廳飲茶時，徐大受對蘇軾說道：「不瞞蘇大人，因黃州地處偏僻，驛館破損不堪，下官已與定惠院的惠聰師方丈說妥了，請蘇大人和貴公子暫在寺中居住，那裡僧人不多、僧院寬敞，頗為清靜，不知大人意下如何？」

蘇軾連忙說道：「在下乃是罪臣之身，能有個容身之處就求之不得，謝謝大人的關照。」

徐大受連連搖手，說道：「在別人眼裡，大人是罪臣；在下官眼裡，大人是朋友、詩人。」

蘇軾又說：「下官雖是團練副使，但有其名而無其實，還是請徐大人直呼蘇軾之名吧！」

徐大受想了一會兒，說道：「就稱呼蘇大人為『蘇學士』，如何？」

蘇軾連聲說好。

徐大受指著窗外說道：「黃州雖然偏遠，但因近傍長江，魚多藕甜，山中盛產竹筍。黃州雖然沒有汴京和杭州的名菜佳餚，但也有四樣地方特產，想請學士品嘗。」

蘇軾是位美食家，連忙問道：「都是哪四樣？」

徐大受：「樊口的鯿魚，巴河的藕，黃州的豆腐，武昌的酒。」說完，大聲吩咐僕人：「上菜、斟酒！」

酒菜上齊後，徐大受指著酒壺說道：「這是樊口潘丙釀的樊口春酒。他原是一位舉人，後來絕意功名，便在樊口以造酒為業。他的侄兒潘大臨是位漁民詩人，有一年九月，他和潘大臨正在論詩，潘大臨剛好寫了一句『滿城風雨近重陽』，突然闖進幾個稅吏催稅，打斷了他的思路和詩情，他將筆狠狠地扔在了地上！」說著，又為他斟滿了杯子。

蘇軾喝了一口，說道：「好酒、好酒，醇釀味綿，過幾天，在下一定前去樊口拜訪他。」

徐大受指著一盤薄薄的藕片說道：「這就是巴河產的蓮藕，切開後潔白如玉，吃起來脆嫩可口；還有，別處的蓮藕有七個藕孔，巴河的蓮藕卻有九個藕孔，天下稱奇！」

品嘗了黃州的豆腐和武昌魚之後，徐大受指著長江對岸說道：「對岸就是武昌府。當年，吳王孫權就是在那裡拜天稱帝的。學士安頓下來之後，可渡江前去遊覽，孫權還在那裡留下了不少遺跡！」

　　蘇軾順著他指的方向，看到一座青翠的山峰，山雖不高，但因緊靠江岸拔地而起，顯得十分雄峻。山下可見房舍麟次櫛比，他問：「山下可是吳王城？」

　　徐大受點了點頭，講述了吳王城的來歷——

　　吳王孫權為了與蜀魏爭奪天下，率領文武百官從公安遷到了鄂縣，在鄂縣修築都城、拜天稱帝，並將都城命名為武昌，寓意以武而昌。為了加強都城的經濟和軍事實力，他下令從建業遷民千餘戶來到武昌，他們中既有達官富豪家族，也有造船、冶煉以及製造兵器的匠人，但許多人都不肯背井離鄉，他們就編了一首童謠在街頭巷尾傳唱：「寧飲建業水，不食武昌魚；寧在建業死，不在武昌居！」從此以後，產於江水和湖水交匯處的武昌魚就名噪天下了。

　　飯後，徐大受親自將蘇氏父子送到了定惠院，他對主持惠聰師說道：「蘇學士是下官的朋友，暫居寶寺，請長老予以照應。」

　　年逾花甲的惠聰師聽了，說道：「貧僧早就聽說了蘇學士的才名，今日有緣住在寒寺，實在是寒寺的榮耀，貧僧已為蘇學士和公子安排了住處，只是飯菜——」

　　蘇軾連忙說道：「在下別無他求，乞求能與僧人一道食用齋飯就心滿意足了。」說完，向惠聰大師深深一拜。

住下之後，蘇軾當夜就向宋神宗寫了一份〈謝表〉。自此之後，他便隨著寺中的晨鐘暮鼓，與僧人們一道誦經；若有空閒，便獨自在江邊上散步，望著滾滾東去的波濤，排遣心中的孤獨。

有一天，他在一戶人家的籬笆間忽然看見了一團耀眼的火焰，感到眼前一亮，原來那是一株盛開的海棠！海棠的花朵在徐徐的南風中嫣然含笑，像一位久違了的故人，將他的思緒引向了家鄉眉山。眉山的海棠是西蜀獨有的花卉，燕王宮碧雞坊的海棠最為有名，有人曾作詞讚頌「碧雞坊裡如屋，只為海棠也合來西蜀」。

他久久地端詳著那棵海棠，心裡尋思：黃州偏僻荒涼，怎麼會有西蜀的海棠呢？是不是鳥兒將海棠的種子從西蜀銜到黃州，種子發芽以後，便孤獨地留在黃州了？從海棠又想到了自己眼下的處境，心裡說：謝謝這株西蜀海棠能常常陪著自己。

3

蘇軾正在僧舍裡讀《黃庭經》，忽見一輛馬車停在定惠院門口，不一會兒，一位老婦率領十多個晚輩進了大雄寶殿，原來他們是來焚香許願的。

望著一家人虔誠禮拜的神情，勾起了他最大的一椿心事：遠在南京的家人。他們曾為自己擔驚受怕，吃盡了苦頭，但總不能讓他們久住弟弟家啊！若將他們接來黃州，女眷們不便住在定惠寺的僧舍裡；若不住僧舍，又能到何處安身呢？難道能讓她們露宿街頭嗎？在黃

州，他人生地不熟，家人的住房成了他的最大心事。次日一大早，蘇軾剛要前往大殿誦經，忽見徐大受走來。一進門，他就單刀直入，說道：「蘇學士，下官前來，是想與學士商量一件事。」

蘇軾連忙問道：「不知大人說的是什麼事？」

徐大受：「下官想將學士的眷屬遷來黃州，不知學士意下如何？」

蘇軾：「謝謝大人的美意，只是家中人口眾多，很難安置下來。」

徐大受：「本官就是為此事而來的。在長江之濱有一座臨皋亭，是已經廢棄的驛站，下官已派人進行了打掃、修整，可供學士眷屬暫住。」

這真是天遂人願。蘇軾正為一家人的棲身之所發愁時，徐大受想他所想、急他所急，已為他安排妥了！他連忙說到：「徐大人真是雪裡送炭啊！在下替全家老小感謝大人。」

徐大受：「舉手之勞，道什麼謝呢！再說，這也是盡地主之誼啊。走，我們前去看看。」

二人剛剛走到江邊，就看到了江濱有一座獨立的瓦房，江水從門前而過，四周寬闊豁朗，有待修的船隻停在一旁，幾隻雪白的江鷗在悠然地追逐著、翻飛著。

「學士住在這裡，朝夕與大江問答，定會才思敏捷、詩興大發的！」

蘇軾慶幸自己遇到了這位上司。按照規定，因謫職到了郡縣的罪官和當地長官的關係，不同於官員之間和上下級之間的關係。地方長官對於罪臣的舉止言行具有監管的責任，罪臣須定期向地方長官彙報。一些仁厚的地方長官視罪臣如部屬和同僚，處處給予關照；也有一些地方長官對罪臣作威作福，動不動就橫加指責、訓斥或辱　，罪臣只能忍氣吞聲、委曲求全。蘇軾的運氣真好，在舉目無親的黃州，讓他遇到了熱心快腸的徐太守！

　　進士出身的徐大受十分敬仰文名滿天下的蘇軾，對他禮遇周到、關愛有加，幫他度過了人生最為艱難的一段歲月。

　　三天後，蘇轍親自將王潤之等二十餘人從南京乘船送到了黃州。一家人經歷了生離死別的烏臺詩案，終於在黃州的臨皋亭團聚了！

　　王潤之在王朝雲的扶持下來到了岸上，她定定地望著蘇軾的臉，半天說不出一句話來。

　　蘇軾問道：「夫人，你怎麼啦？」

　　王朝雲連忙說道：「夫人是說，才只有一百多天，老爺怎麼一下子蒼老了許多，竟認不出來了！」說著，強忍著的淚水終於湧出了眼眶。

　　王潤之嗚咽著說道：「妾還以為，再也看不到老爺了呢！」

　　蘇軾：「現在不是見到了嗎？走，咱們這就去臨皋亭。」

　　王潤之：「臨皋亭，去那裡做什麼？」

蘇軾：「是咱們的新家啊！那裡比汴京的老宅和鳳翔、杭州、密州、徐州的官舍都好得多了！」他指了指遠處的瓦房：「看，就在江邊上。」

蘇過聽了，拍著手說道：「好啊，我們有新家了！」

當天晚上，一家圍坐一起吃了一頓團圓飯。蘇轍問道：「大哥安家還缺什麼？」

蘇軾聽了，心中一陣悲酸。弟弟不但替自己照顧著一家，還因救自己被貶到筠州，當了一個九品的鹽稅吏！他說道：「弟弟放心好了，我在黃州，什麼都不缺了！」

其實，此時的蘇軾既缺錢、又缺糧，甚至缺少油鹽醬醋茶！但他再也不能連累弟弟了！

次日一大早，蘇轍便匆匆離開黃州、前往筠州赴任去了。

因家中的積蓄已經用光了，靠團練副使那點可憐的薪俸，連一家人的肚子都填不飽！又過了些日子，一家二十餘口眼看就要斷炊了。

4

每月的初一，是黃州府為官員們例行發放薪俸的日子。這天的一大早，蘇軾便和蘇友到了府衙，去領取自己的薪俸。領了薪俸之後，打算再到糧店買些米麵回去。

通判洪仁善負責發放事宜。

洪仁善是章惇的學生，他去汴京看望章惇時，適逢李定也在座，於是二人結識，他為此沾沾自喜起來。他平日裡待人刻薄，常常剋扣官員們的錢糧；就是不剋扣，也總是短秤缺兩。因他嬰兒時被一隻大公雞啄掉了左耳垂，至今左耳少了半截，大家背後都叫他是「缺一點」。

蘇軾進了府衙前廳之後，見洪仁善坐在那裡，正在依次向官員們發放薪俸。當輪到蘇軾過去領取時，他連忙站起來，笑著說道：「蘇大人，府衙的庫銀已經發光了，你明天再來領取吧！」

蘇軾聽了，只好回去了。

次日，蘇軾領著蘇友早早地去了府衙。見前廳空無一人，他想，今天可以領到薪俸了。誰知洪仁善來了以後對他說道：「蘇大人呀，實在不好意思，大約庫銀還在押運途中，請你午後再來吧！」他還告訴蘇軾，受到貶謫帶罪的官員大都不發現錢，而改為米、布等實物，以抵薪俸。他是看到蘇軾剛剛安家、需要用錢，經他向上司要求，才給他發放現錢的。

蘇軾見他十分熱情，又說的在情入理，心中十分感謝，只好出了府衙，在赤壁山上坐了幾個時辰，一直捱到申時，才領到了當月的薪俸。當他饑腸轆轆地回到臨皋亭時，已經是暮色四垂了！

王潤之接過裝在布袋裡的薪俸，在手中掂了掂，嘆了口氣，說道：「老爺，妾有一件事，還沒來得及告訴你呢！」

蘇軾：「是件什麼事？」

王潤之：「皇甫尊從湖州將老爺拘走以後，我怕家中的歌妓吃苦受累，也怕養活不了全家，便自作主張，將她們都打發走了，讓她們去各謀自己的生路，老爺不埋怨我吧？」

蘇軾連忙說道：「好，夫人想的周全，我怎麼會埋怨呢？」他指了指裝錢的布袋，說道：「若不是遣散她們，只靠這點薪俸，恐怕一個月要有十天餓著肚子！」

王潤之接著說道：「大家都走了，可就是王朝雲不走，我罵過她，還打過她，讓她趁著年輕去找個善良人家，以託付終身，可她就是不肯！她跪在我面前，一面哭一面說，她生是蘇家的人、死是蘇家的鬼，絕不離開蘇家一步！我看她是個有情有義的人，不忍心再逼她了，便答應留下了她。」

蘇軾聽了，默默地點了點頭。

一陣笑聲從門外傳來，王朝雲牽著蘇邁進來了。蘇邁見母親將一串串的銅錢擺在桌子上，高興地喊著：「好多錢呀！」

王潤之說道：「你父親的薪俸，每月只有四千五百錢，算計著花，也許能花到月底！」

王朝雲說道：「夫人說的對，過日子要精打細算。」

蘇軾：「唉，就是精打細算，也是捉襟見肘，若是有客人來訪，就更難了！」

王朝雲：「賤妾有個主意。」接著她說出自己的主意：把每月領到的四千五百錢分成三十串，每串一百五十錢，掛在屋樑上，每天用畫叉挑下一串，作為當天的生活開銷。若有結餘，則貯於一個竹筒之中，積少成多，可作待客之用。

蘇軾聽了，笑著說道：「這才是節流之策呢！不過，光節流還不夠，須想方設法開源才行。」

王朝雲連忙說道：「賤妾有個開源之法。」

蘇軾：「什麼辦法？」

王朝雲：「賤妾領著小蘇邁在江邊玩耍時，看到江堤上有不少薺菜，在湖邊上長著大片的水芹菜，臨皋亭後邊有不少馬齒菜，湖裡還飄著許多菱葉呢，把這些野菜洗乾淨，用油鹽一炒，就是一盤下飯的菜！明天，賤妾便去挖一筐來，讓老爺和夫人嚐嚐！」

蘇軾和王潤之聽了，都大為驚訝。因為他們誰也沒吃過野菜，也沒聽說過這些野菜的名字，都覺得十分新鮮。王潤之說：「好，明天我就和朝雲一道去挖野菜。」

王朝雲笑了：「夫人去挖野菜，若被人看到傳了出去，老爺的臉面可就──」

沒等她說完，蘇軾接過去說道：「我的臉面就丟光了，是不是？」

王朝雲笑著點了點頭。

蘇軾：「人是鐵，飯是鋼，一天不吃餓得慌。為了吃飽肚子，也就顧不上什麼臉面了！」說完，開懷大笑起來。

第二天，王朝雲和女僕田杏兒在江堤上各挖了大半筐又嫩又肥的馬齒菜，足夠一家人吃一天，心中十分高興。正準備回家時，忽見蘇友匆匆走來，王朝雲問他有什麼急事，他說：「眉山的巢谷先生突然來了，老爺正在和他品茗敘舊，夫人讓我去城裡買些酒菜回來待客。」

王朝雲知道家中並無餘錢，便問道：「你帶錢了嗎？」

蘇友搖了搖頭，從懷裡摸出一隻金釵，低聲說道：「夫人讓我到當鋪當了，去買酒菜。」

王朝雲接過金釵，說道：「還是我進城去當吧！」說完，將菜筐子交給了他，讓他和田杏兒先回臨皋亭了。

這位巢谷先生是蘇軾少年時的同窗、玩伴，因蘇軾的個子比他高出一頭，他總是叫蘇軾「蘇長子」。他自小立志修文習武、遊覽諸郡，後來投靠到神武軍將軍韓存寶帳下，向他學習兵法。因韓存寶後來遭人誣陷而被殺，巢谷因此受到牽連，幸好在被拘捕之前逃脫了。他有家難歸、有親難見，只好浪跡天涯，後來聽說蘇軾出獄後被謫到了黃州，便千里迢迢地趕來探望。

蘇軾望著他滿臉的滄桑，心裡說，他的遭遇竟比自己還慘！自己雖然遭誣入獄，還被罷了官、發配到了黃州，但畢竟還有個安身之處，能和一家人廝守在一起；而他卻像一隻失伴的沙鷗，不但天南地

北地飄泊不定，還要時時防備天上的箭簇和地上的羅網！他問道：「巢谷兄，今後打算去何處？」

巢谷搖了搖頭，苦笑著說道：「我也說不准，只能是過一天算一天了。」

其實，他這次來黃州，除了探望多年未見的朋友，也想投靠蘇軾，但看到蘇軾家裡人口眾多、境況窘迫，便不想難為他了，打算住幾日就離開黃州，再去繼續飄泊。

蘇軾已察覺到了巢谷的難處，說道：「若巢兄不嫌這裡寒酸，就留下來吧！」

巢谷聽了，遲疑了一會兒，說道：「我可是被通緝之人，又一貧如洗，若留下，怕連累了你『蘇長子』呀！」

蘇軾搖了搖頭，說道：「蘇軾有一碗飯，巢谷兄就不會挨餓；蘇軾有一件衣，巢谷兄就不會受凍！還是留下來吧！」

巢谷聽了，連忙說道：「危急時刻見真情，蒙『蘇長子』收容，巢谷不勝感激。」男兒有淚不輕彈，巢谷的眼裡泛起了淚花。

蘇軾安慰他說：「巢谷兄若有空閒，教三個犬子讀書如何？」

巢谷連忙答應了。

這時，王潤之在灶房走來走去，一副魂不守舍的模樣。昨天晚上才把一天一串的錢掛在梁上，不想今天就來了客人！既然是客人，就

不能慢怠人家。因家中沒有多餘的現錢去置買酒菜，她狠了狠心，將出嫁時的一支金釵從頭上摘下來，讓蘇友進城當了之後置些酒菜回來，誰知王朝雲替他進城了，至今不見人影！不知她當成了沒有？若當鋪不收，拿什麼招待客人？

就在她望眼欲穿的時候，王朝雲挎著籃子匆匆回來了。她擦了擦額頭的汗水，將散亂的頭髮攏了攏，說道：「夫人，菜和酒都買來了！」說著，從籃子裡取出豬肉、鰱魚、豆腐、竹筍、蠶豆等，最後是一壺燒谷酒。

王潤之十分高興，悄悄問道：「典當了嗎？」

王朝雲搖了搖頭，說道：「當鋪的掌櫃說，那是一支老式金釵，他們不收。」說著，從懷中取出金釵，交給了王潤之。

王潤之聽了一驚，既然當鋪不收金釵，這些東西是從哪裡來的？他剛要問，王朝雲笑著說道：「當鋪的掌櫃見賤妾手上有對鐲子，便說他們願意收下，賤妾便將那對鐲子當給他們了！」

王潤之連忙說道：「那可是你的一對翡翠玉鐲呀！」

「鐲子戴在手腕上，洗衣、做飯都不方便！沒了鐲子，」說著，她伸出雙手，「兩隻手倒舒坦多了！」說完，連忙挽起袖子，到江邊洗藕去了。

5

剛剛安頓下巢谷，陳慥領著紫霞和青雲到了黃州，當他們策馬進城時，如入無人之境。他們的衣著、長劍、馬匹和風流倜儻的神態，引起了人們的好奇，行人都紛紛駐足觀看。他們穿城而過，直奔臨皋亭而去。

見陳慥來了，蘇軾十分高興，連忙用畫叉從梁上摘竹筒，取出積蓄的銅錢，打發蘇友進城沽酒買菜。陳慥連忙說道：「酒和菜我都帶來了，馬車隨後就到！」

正說著時，一輛雙駕馬車馳到了臨皋亭前，隨來的僕人將白米、臘肉、臘魚、粉條、油麵等食物和一大罐谷酒搬下車來，蘇軾見了，說道：「讓陳老弟破費了，愚兄心中不安。」

陳慥朗聲說道：「這有什麼不安的！再說，我既修道，又禪佛，除酒之外，我已食素了！走，看看你的新屋！」

臨皋亭雖然陳舊，但位置極佳，從亭子到長江只有八十餘步，江水的滔滔聲不絕於耳。坐在亭中，仰頭望去，流雲行於天際；放眼望去，大江滾滾東流，令人感到天地竟是如此遼闊，心胸頓時開朗起來。

當二人談興正濃時，王朝雲送來了一壺新茶。陳慥看了她一眼，說道：「我猜，你就是王朝雲吧？」

王朝雲連忙答了一聲：「是。」

他又對蘇軾說道：「蘇大人豔福不淺，愚弟羨慕不已。」

蘇軾笑著說道：「在下哪裡比得了你呀，在杏花村裡，美人成隊，個個才藝出眾，你是身在福中不知福呀！」

陳慥：「那就換一換嘛，大人看中了誰，就領誰走，要是都看中了，就都領走，我只換朝雲一人就滿意了。」

王朝雲連忙奉上茶杯，說道：「請陳大人品茶。」

陳慥接過茶杯喝了一口，嘖嘖說道：「好茶，這是今年的雨前新茶。」

王朝雲笑著說道：「還是用今年的新火燒的新水、泡的新茶呢！」

陳慥有些不解，問道：「茶是今年的新茶，還說得過去，不知新火和新水有何說法？」

王朝雲：「這水，是崑崙雪山融化的冰水，流進長江，從江中取一盆流動的江水，總歸是新的吧！今年煮茶用的薪火更不是去年之火，也是新的吧！這就叫新水新火煮新茶。」

陳慥聽了，恍然大悟。

王朝雲又說：「老爺在密州時，寫過一首〈望江南〉，就曾提到過新火、新茶。」

陳慥：「能唱出來聽聽嗎？」

王朝雲宛爾一笑，輕聲唱道：

春未老，風雨柳斜斜。試上超然臺上看，半壕春水一城花，煙雨暗千家。

寒食後，酒醒卻諮嗟。休對故人思故國，且將新火試新茶，詩酒趁年華。

陳慥聽完了，猶如品嘗了瓊漿玉液。酒不醉人歌醉人，他對蘇軾說道：「蘇大人，愚弟要在這裡多住些日子，聽朝雲唱歌，以飽耳福。」

第二天一大早，蘇友去江邊汲水時，忽見從對岸的武昌劃來一隻渡船，原來是詩僧參廖和辨才、佛印三位和尚以及四川綿竹山的道士楊世昌，他們結伴來看望蘇軾。緊接著書畫博士米芾和黃庭堅、張耒、晁補之、秦少游等人，也相繼來訪。

因臨皋亭實在住不下了，蘇軾便將他們分別安排在定惠院和安國寺空閒的僧舍中，自己則和陳慥搬到了一隻待修的漁船上，二人在船板上抵足而眠。

有朋自遠方來，不亦樂乎，蘇軾倒是樂得合不攏嘴，王潤之卻十分焦急，若再有客人前來，就實在住不下了！

得道多助。武昌太守朱壽昌攜樊口潘氏三兄弟和車湖的王氏兄弟渡江前來看望蘇軾、看到房少客多時，便和黃州的友人一道，為他在東坡上築了五間土磚布瓦的房舍。竣工那天，正值大雪紛飛，蘇軾

連夜在四壁上畫了不同的雪中景色，還為新房取名為「雪堂」。

與蘇軾同榜的進士蔡承僖，時任淮南轉運副使，黃州恰好歸他管轄。他看到蘇軾居所狹窄，又在臨皋亭旁邊的高坡上為他造了三間新屋，命名為「南堂」，供蘇軾作書齋、煉丹、會客和臥室之用。

有一天，蘇軾坐在雪堂的窗下，看著窗外細細的春雨，聽著小溪的淙淙水聲和枝頭鳥兒們的鳴叫聲，感到了一種早春的氣息。他想，新的人生旅程從這裡起步了。他提起筆來，在雪堂裡寫了第一首詞：

夢中了了醉中醒。只淵明，是前生。走遍人間，依舊卻躬耕。昨夜東坡春雨足，烏鵲喜，報新晴。

雪堂西畔暗泉鳴。北山傾，小溪橫。南望亭丘，孤秀聳曾城。都是斜川當日景，吾老矣，寄餘齡。

還有一個人蘇軾一直惦記著，就是跟隨自己多年的馬夢得。當年馬夢得在太學任太學正之職，只因蘇軾在他書房的牆上題了杜甫的〈秋雨歎〉，便毅然辭職，跟隨蘇軾去了鳳翔，當了一名幕僚。後來又隨蘇軾從汴京到杭州、密州、徐州、湖州，已有二十餘年。當蘇軾在湖州被拘捕時，他才不得不離開了蘇軾，回到家鄉杞縣。前不久聽人說，蘇軾帶罪被謫黃州，於是便日夜兼程趕來了。

說來也巧，他和黃州太守徐大受私交頗深，他去拜訪徐大受時，正碰上徐大受命人為蘇軾送米，才知道蘇軾一家月月缺糧。他路過黃州東門的山坡時，見岡巒起伏中間有一處約五十餘畝的平地，上面滿是瓦礫和荒草，原是當年的一處軍營舊址。他想，若將這塊軍營舊址

撥給蘇軾領種，不但可以種麥稻，還可栽上桃、梨、柑桔等果樹，蘇軾一家不就解了斷炊之憂嗎？他將自己的想法告訴了徐大受，徐大受便當即應允了。

馬夢得去拜訪蘇軾時，將認領軍營舊址的建議告訴了他，他大喜過望，當天隨馬夢得去東坡上察看了地形、丈量了面積，還草擬了一份種糧、栽菜和植樹的方案。第二天一大早，除了王潤之和王朝雲留在家中之外，蘇軾率領全家來到了東坡，他們放火燒了叢生的野草，撿乾淨了地上的瓦礫碎磚，將高坡挖平、將低窪處填高，一個個汗流浹背、灰頭土臉，一直幹到晌午才在山坡的樹下歇息。

王朝雲挑著擔子送飯來了，她先讓大家喝了一碗綠豆湯，再為大家盛上飯菜。蘇軾端著碗，對三個兒子說道：「你們知道什麼是『三白』飯嗎？」

兒子們搖了搖頭。

蘇軾說：「小的時候，我和你們叔叔就吃過『三白』飯。這『三白』飯就是一碗白米、一撮白鹽、一碟白蘿蔔。」

蘇邁問道：「『三白』飯好吃嗎？」

蘇軾：「只要肚子餓了，就會越吃越香。」接著他向孩子們講了自己童年的經歷和趣事。

聽說蘇軾在東坡墾荒種地，客居黃州的參廖和佛印和尚以及來訪的客人、學生們紛紛幫他墾荒，住在黃州城的唐代名將郭子儀的後裔

郭遘和他的友人古耕道、樂京也趕來幫忙。住在東坡旁邊的王大伯等人最為熱心，他看到蘇軾一家人鋤刨鍬挖，便說道：「做生意，要本錢；種莊稼，要耕牛，沒有牛，就種不好莊稼。」

蘇軾聽了，半天無語，因為他實在買不起一頭耕牛。

王大伯已看出了他的心思，便說道：「我家裡養了一群牛，你就牽一頭來用吧！」

蘇軾聽了，有些為難起來。

王大伯笑著說道：「我有三個孫子，正在發懵，就讓他們和學士的公子們一起讀書吧，以抵牛錢！」

蘇軾聽了，連連道謝。

經過了半個多月起早貪黑的耕作、平整，東坡上的五十畝軍營舊址終於成了可種莊稼的土地了；地頭上還掘了一個水塘，種了一些果樹的樹苗。王朝雲望著頭戴斗笠、腳穿草鞋的蘇軾，笑著說道：「老爺，你成了一個黑白分明的農夫了。」

蘇軾抹了一把汗水，問道：「黑白分明的農夫？」

王朝雲：「對呀，老爺的頭髮越來越白了，老爺的臉嘛，曬得越來越黑了！」

蘇軾聽了，樂呵呵地說道：「想變成個真正黑白分明的農夫，還需多修煉幾年呢！」

到了月底，連續下了三天的秋雨，雨停後，蘇軾惦記著東坡的土地，連忙戴上斗笠、披上蓑衣，扛著一柄鋤頭便匆匆出了門。到了東坡一看，地裡淹水已有半尺多深！他一時有些不知所措。

這時，在山坡上放牛的王大伯走了過來，他看到蘇軾正在焦急，便安慰他說：「蘇學士，淹了水不要緊，只要排出了漬水、曬乾了泥土，還能搶種一茬小麥。」說完，他將牛拴在山坡的松樹上，接過蘇軾的鋤頭，幫他沿著地頭挖了一條半尺深的水溝。不到半天工夫，地裡的漬水便順著水溝排乾淨了。他還叮囑蘇軾說，莊稼不但怕旱，也怕澇。旱了，莊稼澆透了就有救了；若是澇了，莊稼就會爛根，秋後便沒有收成了。

過了立秋就是種麥的季節，蘇軾領著他的子弟兵們來到了東坡，他們耙地的耙地、起壟的起壟、撒種的撒種，東坡上牛鈴叮咚、笑語喧天，連續種麥三天，雖然一個個都累得腰疼腿痠，但臉上卻洋溢著興奮和激動。

由於東坡地濕肥厚，小麥種下不到一個月，地裡的麥苗便像瘋了一般蓬蓬勃勃地躥了出來。苗兒苗壯、茂密，密得連地上的泥土都遮住了。明年一定是個好收成，蘇軾心裡十分高興。

有一天，他剛剛走到東坡，見王大伯趕著一群牛羊，而牛羊正在啃食東坡的麥苗！他連忙說道：「王大伯，你的牛羊——」

王大伯笑著說道：「我是在為蘇學士護苗啊！」

「護苗？」

「對，是護苗。」王大伯拔起幾根麥苗說道，「蘇學士，你看，現在還不到立冬，地裡的麥苗已長得又高又壯；等到北風一吹、大雪一凍，麥苗就全凍死了！現在讓牛羊啃了地上的麥苗，留下地下的麥，越冬以後就會生出新苗。南風一吹，新苗拔節結穗後，學士就磨好鐮刀等著收割吧！」

蘇軾打心眼兒裡感激這位善良、熱情的花甲老農。

自到了黃州後，為了排遣心中的孤獨，蘇軾常到國安寺去焚香靜坐。靜坐是達摩和尚面壁以來的一種功法，禪門視靜坐為「出神靜觀」。他的靜坐是為了收召自己的靈魂，達到物我相忘、身心皆空的境界，在靜坐中忘記心中的痛苦。但自開墾了東坡的土地、種上了小麥之後，他不再去安國寺靜坐了，天天都來東坡，風雨不誤。他站在地頭上望著地裡的麥苗，好像在讀一篇精彩的文章。令他百看不厭，越看越新，也越看越美。

他從東坡忽然聯想起了白居易。白居易與自己的出身、經歷相似，也因作詩受到政敵的排斥和打擊，而且二人都與城東的東坡有緣。白居易任四川忠州刺史時，曾寫過一首〈步東坡〉，詩中有「朝上東坡步，夕上東坡步。東坡何所愛？愛此新成樹。」白居易當年不愁一日三餐，所以在忠州城東的東坡種花植樹，悠然自樂。而自己在黃州城東的東坡墾荒種麥，卻是為了全家人糊口！不過，雖然二人的境況不同，但都是在城東的東坡上，這一定是種巧合。於是，他給自己取了個名號：東坡居士。

誰知此號在黃州叫開之後，東坡之名很快便傳遍了天下，竟然婦

孺皆知、家喻戶曉了。自此之後，除官方文書之外，世人都稱他蘇東坡，而蘇軾之名竟顯得生疏起來。也許這就是「無意插柳柳成蔭」？

第十八章

海棠詩會、百年老梅以及「潛逃的罪犯」

1

割了小麥之後，就該插秧了，蘇軾不知道何時插秧最為合適，便去請教王大伯。

一進院子，就見葡萄架下坐著幾位客人，他們一面品茶，一面在談論著什麼。見蘇軾來了，大家都站起來迎接。王大伯說，大家要去參加海棠賞花會，正想邀請蘇軾一起赴會。

蘇軾問道：「賞花會設在哪裡？」

王大伯：「在崔伯家中，東道主就是崔伯。」說完，拉著他就走。

當一行人走到一座白牆小院時，聽見院中有人在彈奏雷氏琴，琴聲如悲鳴的風聲、又如微亮的月光。推開柴門後，一位銀鬚垂胸的老者放下雷氏琴，對蘇軾說道：「在下崔某，原住廬山，現和小女客居黃州。欲與友人開一個海棠賞花會，學士光臨，在下不勝感激。」

蘇軾連忙施禮，說道：「崔老先生有此雅興，難得、難得！」

在眾多客人中，郭遘、古耕道和安國寺的方丈連繫等人，蘇軾已先前認識了，還有一些是初次見面。最後一個到的是位年輕後生，他一進來就連聲說道：「實在抱歉，因江上風大，小船受阻，來遲了！」說著，將一罐酒放在了井臺邊。

崔伯說：「這位就是漁民詩人潘大臨！」

蘇軾連忙說道：「先生的一句『滿城風雨近重陽』既出，傳遍江南江北，在下若得空閒，一定前往請教。」

潘大臨說道：「因生計所迫，天天在江上打漁。那一天正在家中作詩，剛寫了這麼一句，不想稅吏進家中收稅、把思維打斷，便只得了這麼一句！」

蘇軾說：「在下曾寫過『人間行路難，踏地出賦租。不如魚蠻子，駕浪浮空虛。』現在看來，魚蠻子也難避稅租之累啊！」

崔伯見客人們都已到齊，說道：「既然蘇學士已經光臨，海棠賞花會就開始吧！」說著，連續擊掌三聲。

西院的院門「吱嘍」一聲被打開了，大家頓時眼前一亮，見一位十六七歲的少女站在門前，笑著說道：「請諸位進來吧！」

崔伯對蘇軾說道：「這是小女海棠，西院的海棠是她出生時栽下的，所以才為她取名『海棠』。」

蘇軾聽了，點了點頭。

進了西院以後，見四周牆邊種植著玉蘭、惠蘭、碧桃、佛手等花卉，石桌上擺放著五針松、榆樹、奇石等小巧玲瓏的盆景。院子中間，是一棵丈餘高的海棠，滿枝皆是珠紅色的花苞，在碧葉的襯托下，讓人賞心悅目。海棠雖不及梅花那樣冷豔、也不如牡丹那樣華麗，但在淡泊中蘊藏著淡雅、在平常中顯示著高潔。一陣徐風拂過，有縷縷清香沁人心脾。

眾人圍著海棠看了一會兒，都讚不絕口。有客人問平時是如何養護的？崔伯指著女兒說道：「平時都是她澆水、施肥。六月酷暑，她

撐起草簾遮陽；進了臘月，她用竹席擋風；若遇上暴雨，她會撐傘守護，照料得十分精心。」

蘇軾聽了，轉頭看了看她，她連忙紅著臉低下了頭。

從西院回來後，大家一邊贊花、一邊飲酒、一邊談詩論詞。忽然，從西院中傳來一陣古箏之聲，崔伯笑著說道：「是小女海棠在院中彈箏。」他還笑著說：「西院的那棵海棠似乎能聽懂她的箏聲，每逢花期，她便在花前彈箏，花開得格外鮮豔！」

絲絃聲聲，花香裊裊，如夢似幻。眾人紛紛作詩填詞，唯蘇軾端著酒杯默默地坐著。

崔伯笑著說道：「蘇學士，今日聚會，實在是三生有幸！為了不忘今日之盛，在下懇請學士能留下佳作墨寶。」

蘇軾已有半醉了，他看到暮色漸濃，眼前也朦朧起來，便說道：「請掌燈來！」

海棠連忙送來蠟燭，蠟燭點燃後，將周圍照得十分明亮。海棠牽著宣紙，蘇軾挽起衣袖、提起筆來，在四尺宣紙上寫下了一首七絕。寫完後，對崔伯說道：「如若不嫌，就請收下這幅中堂，作個紀念吧！」

眾人圍過去一看，詩題是〈海棠〉二字：

東風裊裊泛崇光，香霧空濛月轉廊。
只恐夜深花睡去，故燒高燭照紅妝。

崔伯連忙對女兒說道：「海棠，快將蘇學士的這首〈海棠〉收起來，明天就送去裝裱！」

海棠小心翼翼地卷起了中堂，向蘇軾深深施了一禮，說道：「謝謝蘇學士！」說完，拿著中堂離開了客廳。

蘇軾告別眾人後，披著一身月光、回味著美豔的海棠，緩緩向臨皋亭走去。

2

蘇軾剛剛走到臨皋亭門口，見楊世昌坐在亭前的臺階上。楊世昌見蘇軾回來了，便站起來截住他，說道：「東坡學士，今晚月朗星稀，岸上無風、江上無浪，我等放舟江上，我論道、學士論儒，豈不痛快！」

還沒等蘇軾開口，楊世昌又說：「潘大臨的小船就在赤壁旁邊，我們上船去吧！」說完，拉起蘇軾就走。

二人走到赤壁山下的江邊、登上漁船之後，潘大臨便將小船向長江中間緩緩劃去。前面是茫茫的江水，後邊是斧劈一般的赤壁，江水在石壁下濺起了一團團雪白的浪花，如雷震耳。當小船劃到開闊的江面時，一輪皓月冉冉東升，高高懸掛在天際，將萬頃銀輝慷慨地撒向兩岸的山嵐，也撒在了飄蕩的小船上。在波光和月光的交輝中，船上的人好像離開了紛雜的人世、懸浮在虛無之中。

楊世昌抽出洞簫，輕輕地吹奏起來。他不但早已修道，而且善畫山水，還能鼓琴，並精通星象、曆法、骨相以及黃白藥術，尤其熟識音律、善吹洞簫，往往簫聲一起，四座皆驚。江水悠悠，簫聲嗚咽，像哀怨、像思慕、像哭泣，也像一個人在低聲傾訴。旁邊小船上的一位孀婦聽了，竟落下淚來！

　　蘇軾問道：「請問世昌先生，你的簫聲為什麼如此悲涼呢？」

　　楊世昌：「因為我想起了曹孟德的兩句詩：『月明星稀，烏鵲南飛。』心有所感，才簫聲悲涼。」

　　也許受了簫聲的影響，蘇軾以手拍打著船舷，即興唱到：

桂棹兮蘭槳，擊空明兮溯流光；
渺渺兮予懷，望美人兮天一方。

　　楊世昌指著長江南岸的西山問道：「東吳的周瑜，當年就是從那裡渡江、在赤壁之戰中打敗曹孟德八十三萬人馬的嗎？」

　　蘇軾：「這是人們的傳說。其實，在江漢一帶有三處赤壁，一是黃州的赤壁，也叫赤鼻磯；二是武昌東南七十里的赤磯；三是嘉魚的赤壁。不過，赤壁古戰場到底在哪裡已經無關緊要了。當年曹孟德率領戰船萬艘，攻破荊州、佔領江陵後，又順江而下，向孫權的都城武昌而來，打算一口吞下東吳。他的戰船連綿千里、布滿江面，獵獵旌旗、遮天蔽日，是何等的威武！他臨江飲酒、握矛吟詩，『月明星稀，烏鵲南飛』，又是何等的英雄！」

楊世昌接著說道：「其實，不論戰敗了的曹操還是戰勝了的周瑜，他們都是一代英豪，可是今天，他們和他們的事業又在何處呢？你我等人在沙洲上打柴捕魚、以麋鹿為友，多麼自在！還可駕一葉輕舟，舉杯痛飲，把蜉蝣一般短暫的生命託付在天地之間，渺小如大海中的一粒小米！我們感嘆生命短暫、羨慕長江無窮無盡，既與神仙為伴遨遊太空，又與明月一道永世不老，這只是一種願望，我只好將心中的無奈通過簫聲寄託在這江風之中了！」

蘇軾沉思了一會兒，說道：「長江自古流到今，而且還在繼續地流。但長江還是原來的樣子啊！這頭上的明月，也是從古照到今，雖然時有圓缺，但一直未變。再說，這世上的萬事萬物都有自己的主宰者，不屬我的，我不取一絲一毫。只有聽到的江風、看到的明月和天地間的美景，誰也不能禁止，你我可以盡情享用，我說的對嗎？」

楊世昌：「學士講的太好了，見解獨到，令貧道頓悟。若此時有酒，該有多好！」

潘大臨笑著說道：「酒我已備好了，今天還打了一條二尺長的細鱗鱸魚，也已燴好放在艙裡了！」說完，從艙中端出酒菜，三人舉杯對月，在船上無拘無束地暢飲高歌。濤聲陣陣、笑語不斷，連天上的明月都不肯西移了。

潘大臨邊划船邊說：「今日之遊，不可無詩啊！」

楊世昌也附和著說道：「學士能在船上填一闋詞嗎？」

已有些醉意的蘇軾端起酒杯，走到船頭，月光將他的影子投到了

江中。他轉頭望了望長江北岸的赤壁，又望了望長江南岸的西山，想起了當年那些叱吒風雲的人物，說道：「讓天上的明月和東去的大江，與我同飲這杯酒吧！」說完，將酒倒進了滾滾的長江，然後大聲唱道：

大江東去，浪淘盡，千古風流人物。故壘西邊，人道是，三國周郎赤壁。亂石穿空，驚濤拍岸，卷起千堆雪。江山如畫，一時多少豪傑。

遙想公瑾當年，小喬初嫁了，雄姿英發。羽扇綸巾，談笑間，檣櫓灰飛煙滅。故國神遊，多情應笑我，早生華髮。人生如夢，一尊還酹江月。

楊世昌聽了，大聲說道：「學士的這首〈念奴嬌〉，意境高遠、氣勢如虹，乃是絕世之作，不虛今日之遊！」

潘大臨生怕漏掉一字，他伏在船板上，飛快地抄錄下來了，並加了個題目：〈赤壁懷古〉。

子夜已過，潘大臨將船劃到岸邊，蘇軾和楊世昌分手以後，楊世昌去了定慧院、蘇軾回到了雪堂。

蘇軾感到毫無睡意，便站在窗前乘涼，覺得江上的明月也隨著他來到了東坡，照得雪堂外邊一片銀白！回憶江上之遊，他感到格外興奮，覺得心裡有許多話想說。於是，他將當晚的所見所聞和所思，一口氣寫了下來。寫完之後，又從頭看了一遍，並在文前加了《赤壁賦》三字。

寫完後，便上床睡下了。

3

收了早稻以後，田裡空閒起來，需盡快耕地灌水、搶播晚稻。蘇軾已學會了扶犁耕田，王大伯送給的那頭水牛也十分溫馴，它走得穩、拉得直，犁田平整、到邊到角。這時，忽見田杏兒急急跑來，大聲說道：「老爺，生了、生了！」

蘇軾有點丈二和尚摸不著頭腦，問道：「生了什麼？」

「朝雲夫人生了！」頓了頓又說，「生了個又白又胖的公子！」

蘇軾一聽，欣喜若狂，他連忙將犁交給蘇友，沒顧上洗去腳上的泥巴，跟著田杏兒就向家跑。

去年七月，王朝雲剛滿十九歲，蘇軾正式納她為妾；今年九月，兒子出生。已是半百的蘇軾能不高興嗎？

剛回到家，王潤之將嬰兒抱到前廳，笑著說道：「老爺，你看這孩子的長相，多像你啊！」

蘇軾將嬰兒托在手上仔細看了一會兒，見他雙眼明亮、鼻樑挺直，寬寬的臉龐、高高的顴骨、飽滿的天庭，確實酷似自己！

王潤之笑著說道：「老爺，你給公子起個名字吧！」

蘇軾想了想，說道：「老大叫蘇邁，老二叫蘇迨，老三叫蘇過，他就叫蘇遁吧！」

王潤之又問：「小名叫什麼？」

蘇軾：「就叫幹兒吧！意思是說，等他長大了，能幹點事就行！」

王潤之：「好，幹兒這個名字起得好！」

王朝雲聽見蘇軾和王潤之在外邊說話，便問道：「是老爺回來了嗎？」

蘇軾聽了，連忙說道：「回來了，回來了！」說著，抱著嬰兒進了內室。

王朝雲看到他不斷親吻著嬰兒，笑著說道：「別讓你的鬍鬚扎了兒子的臉！」說著，接過了嬰兒，問道：「蘇遯這個名字，可有什麼講究？」

蘇軾笑著說道：「遯，就是隱避田園、遠離官場，用來紀念這段東奔西跑的日子，不知合不合你的心意？」

王朝雲：「只要是老爺取的名字，就合賤妾的心意。」

蘇軾：「待到兒子滿月時，我還要為遯兒寫首詩呢！」

王朝雲聽了，彎彎的眉毛上掛著幸福的笑容。

按照黃州的風俗，嬰兒滿月時要舉行「洗兒會」，並要宴請親朋好友，還要將煮熟的雞蛋染成紅色，分贈給鄰居和親朋。

滿月這一天，王大伯一大早就提著糯米、紅糖、魚麵等禮品來到了臨皋亭。不一會兒，崔伯領著海棠來了，四川同鄉王氏兄弟從武昌車湖趕來了，府衙的官員們也趕來了。潘大臨還提了一桶活蹦亂跳的喜頭魚，說產婦在月子裡喝魚湯可以催奶。

黃庭堅、秦少游等人得知後，還紛紛寄來了賀詩賀詞。

客人們看過蘇遁之後，都誇獎孩子聰明，說其長大後一定會像蘇軾那樣是寫詩填詞的高手。

蘇軾聽了，苦笑著說道：「孩子且莫像我填詞寫詩，還是本本分分種麥栽稻好，不但少惹是非，還可樂在其中。」

王朝雲怕他再提起烏臺詩案遭受的折磨，連忙說道：「老爺不是說要為遁兒寫首詩嗎？」

蘇軾當時是為了安慰王朝雲，隨口說過要為兒子寫首詩，誰知王朝雲卻記在心裡了。他以手指逗了逗襁褓中的的蘇遁，見蘇遁張著小嘴笑了，說道：「好吧，我這就去寫。」說完，回到了書房。

不一會兒，他手裡拿著一張宣紙回到了客廳。眾人紛紛圍過去想一睹為快，只見上面寫著〈洗兒詩〉：

人生養子望聰明，我被聰明誤一生。
唯願孩兒愚且魯，無災無難到公卿。

有人連忙抄在紙上，有人連聲稱讚：「好詩、好詩！」

蘇軾搖了搖手，說道：「這不能算作是詩，只是平常大實話罷了，讓諸位見笑了！」

滿月宴之後，蘇軾惦記著插秧的事，又戴著斗笠、穿上芒鞋，匆匆去了東坡。他發現，剩下的稻田都已平整完了，於是便去秧田扯秧，準備明天一早下田栽秧。

扯秧苗是件細緻的農活，他過去曾見過別人扯秧，自己卻從未扯過。照葫蘆畫瓢，他走進秧田，便彎腰扯起秧來。大約扯了半個時辰，便覺得腰疼背酸起來，他只好直起腰來站上一會兒，再低頭扯秧。扯到後來，竟累得直起腰來就彎不下去，彎下去就直不起來了。他想，在泥水裡栽秧，比在地裡種麥累多了！

「給！」話音剛落，只聽「啪」的一聲，一隻小木凳扔到了他的背後。他回頭一看，原來是王大伯。他指著小木凳說：「這是秧馬，騎上它，扯秧就方便多了！」說著，也提著一隻秧馬下到田裡。

蘇軾按照他的指點，坐在秧馬上扯秧，他覺得不但腰背不再酸痛了，扯秧的速度也快多了！

扯完了秧苗，已月升東山了。王大伯便約他到了家中，二人就著一碗煮蠶豆、一碟青椒和幾尾小魚喝起酒來。蘇軾喝了大半斤白酒，又吃了一碗糙米飯，才離開王家，暈暈乎乎地向江邊走去。

不知是過度勞累還是酒力發作，他感到渾身燥熱起來，便脫下鞋襪放在一塊石頭上，將那頂高高的帽子順手掛在樹枝上，走進江中，在清涼的江水中洗了個痛快，頓時感到舒服多了。

洗完之後，他來到臨皋亭門口，輕輕敲了敲門，沒聽見回音；又用力拍了拍，仍無回音。他將耳朵貼在門上，聽見裡邊鼾聲起伏如雷。他又用手杖猛敲了一會兒，無奈鼾聲依舊。蘇軾知道家中小童阿牛的習慣，只要他的頭落在枕上，便能呼呼大睡，就是外邊鞭炮炸耳、鑼鼓震天，他都絲毫不受影響。蘇軾在門口站了一會兒，見亭旁有一棵梧桐樹，也許驚醒了棲息在樹上的鳥兒，只見樹枝抖動了一下，鳥兒便向江面飛去了；江上，有一隻小船正順流而下。他見書房的窗子半開，便從窗櫺伸進手去，取出一支毛筆，借著淡淡的月光，在雪白的牆上寫了一首〈臨江仙〉：

夜飲東坡醒復醉，歸來彷彿三更。家童鼻息已雷鳴，敲門都不應，倚杖聽江聲。

長恨此身非我有，何時忘卻營營。夜闌風靜縠紋平，小舟從此逝，江海寄餘生。

寫完了，心中的塊磊似乎吐出來了。他便踏著月光，去了東坡旁邊的雪堂。

令他想不到的是，這首題在牆上的〈臨江仙〉卻引發了一場恐慌，驚動了黃州全城！

4

徐大受一大早剛進了府衙，洪仁善便慌慌張張地進來了，他結結巴巴地說道：「徐大人，出大事了！」

徐大受嚇了一跳，問道：「出了什麼大事？」

洪仁善：「蘇軾昨夜潛逃了！」

徐大受：「此事是真的嗎？」

「千真萬確，他是乘著一隻小船潛逃的，這是下官親自發現的。」說著，從懷裡摸出一張紙來，「大人請過目。」

徐大受接過一看，問道：「這首〈臨江仙〉是從哪裡來的？」

「是下官親自從臨皋亭的牆上抄下來的！下官仔細對照過，完全是蘇軾的筆跡！還有，」他神秘地低聲說道，「下官還在一塊石頭上發現了他的鞋襪，又在一棵樹的樹枝上發現了他的帽子，就是他常戴的那種高高的學士冠！」

徐大受對他發現的蘇軾潛逃一事和他提供的證據雖然感到吃驚，但還是有些半信半疑，便隨他去了臨皋亭，看了牆上的那首〈臨江仙〉，又查看了石頭上的鞋襪和樹上的高帽，果然實物證據都在。但他不明白蘇軾為何要潛逃？他又能逃往何處呢？

洪仁善發現徐大受還有些疑慮，便提醒他說：「此事事關重大，須即刻飛騎報往汴京。」

徐大受：「未查清之前，不可上報！」

洪仁善：「大人，下官早就對蘇軾有所懷疑，他的一言一行下官都十分留心。他到黃州之後，共寫了詩詞八十六首，文章十二篇，一

共交往了五十八人，其中外埠十九人，本城三十九人。聽說他還在漁船上寫過一首〈念奴嬌〉，下官還親自過江去了樊口，從潘大臨家裡抄錄來了。」

徐大受聽了，對他的這種行徑十分反感。

原來，洪仁善是受李定秘密之託監視蘇軾的，他做的可謂兢兢業業、一絲不苟。從蘇軾到黃州、徐大受設家宴接待他時寫的〈初到黃州〉，到在崔家寫的〈海棠〉和先後寫的〈東坡八首〉，他無一遺漏，甚至他為徐大受家中歌姬們寫的詩詞他也都不露痕跡地收集到了！可見他的用心良苦了。

「監察和追捕罪犯是判官之事，大人可派人四處追查！」徐大受說。

洪仁善胸有成竹地說道：「下官已派兵上到夏口、武昌，下到九江、蘄春追捕去了！蘇軾難以逃脫，除非他跳江淹死！」

這時，一個傳聞很快便在黃州街頭傳開了：昨天夜裡，蘇軾將帽子掛在樹上、鞋襪扔在江邊石頭上，乘著小船逃走了！

有人說他逃回了四川眉山；

有人說他逃往了海外；

還有人說他跳江自殺了！

洪仁善雖然四處派人搜查、追捕，但心中卻幸災樂禍：蘇軾與徐

大受交往頗深，蘇軾潛逃了，徐大受的那頂太守的帽子也就戴不成了！他出了個點子，說道：「大人，跑了和尚跑不了廟，下官想派兵拘捕蘇軾的家眷，關進大獄，逼他們說出蘇軾逃往了何處，以便將他捉拿歸案！」

徐大受有些氣憤，說道：「一人犯罪一人當，絕不可誅連他的家人！」

洪仁善還不死心，口氣中暗帶威脅，說道：「大人，若御史臺追究起來──」

徐大受知道他與御史臺的關係密切，也知道他想以此邀功，心中更加不滿，說道：「若追究起來，一切由本官擔當！」

他雖然反對洪仁善上報汴京和拘捕蘇軾的家屬，但畢竟事關重大，需要鎮靜應付。他對洪仁善說道：「走，我們去蘇軾經常去的地方找一找再作決斷。」說著，領著洪仁善去了臨皋亭，詢問了阿牛和僕人之後，又去了定惠院、安國寺和南堂，最後去了東坡雪堂。

剛到雪堂門口，就聽見裡邊傳出了陣陣鼾聲，見房門虛掩，徐大受輕輕推開，看到蘇軾光著膀子躺在一張竹床上睡得正香呢！

徐大受知道他插秧插累了，便沒打擾他，又輕輕帶上門退出去了。

洪仁善也傻眼了，他嚅嚅說道：「原來是虛驚一場。」

徐大受瞪了他一眼：「謊報軍情！」說完，轉身走了。

一場驟起的恐慌，不到半天就平息了。

5

　　端陽將至，太守徐大受在棲霞樓設席宴客，好客的主人還特意命家中的六位家妓到席前助酒。因陳慥攜河東夫人來黃州看望王朝雲母子，也被邀請赴宴。

　　宴席之前，徐大受陪著蘇軾、佛印、米芾、陳慥等人在客廳品茶閒談時，一向談笑風生又嘴不饒人的佛印問陳慥：「聽說陳老弟箭法超人，當年與蘇學士在鳳翔射獵時，見一隻烏鵲飛走了，你便策馬追出數里，終於將烏鵲從半空中射落，好箭法啊！平時你杖劍攜妓遊遍天下，何等的風流，更令貧僧佩服！」

　　陳慥聽了，笑著點了點頭，說道：「不足掛齒、不足掛齒！」

　　佛印的話鋒一轉，問道：「不過，貧僧聽說陳老弟有點懼內，可是真的？」

　　陳慥有些生氣，說道：「在下進山狩獵，老虎見了我都嚇得調頭而逃，我怎麼懼內呢？」

　　佛印緊追不捨：「要是碰上獅子呢？」

　　陳慥：「獅子也不怕！況乎獅子早已絕跡了！」

　　這時，徐府的嫵卿、勝之、慶姬、顏姬等家妓款款進來，為客人

們獻茶。她們都能歌善舞、千姿百態，尤其是那個叫勝之的歌妓，她長得嬌小玲瓏，又絕頂聰明，蘇軾曾寫過她的舞姿嬌態：

雙鬟綠墜，嬌眼橫波眉黛翠。
妙舞蹁躚，掌上神情意態妍。
曲窮力困，笑倚人旁香喘噴。
老大逢歡，昏眼猶能仔細看。

送完茶，歌妓們都爭著向蘇軾求詩，因為能得到他的一首詩詞，人們便會另眼相看，自己也身價倍增。

佛印問陳慥：「她們如何？」

陳慥：「她們雖然貌若貂嬋、風情萬種，但揚州出美女，我當年曾在揚州收了幾個⋯⋯」

剛說到這裡，猛聽見屏風後邊大叫一聲：「你敢！」

陳慥手里正在擺弄蘇軾的手杖，聽見吼聲嚇了一大跳，手中的手杖掉在地上了！

原來，河東夫人一直站在屏風後邊，聽到陳慥說揚州的美女時，一時醋勁大發，忍耐不住，才在屏風後邊大吼了這一聲！

侍女們將河東夫人請到女眷席上之後，客廳中又恢復了說笑之聲。佛印笑著說道：「陳老弟，夫人之聲正如佛家之說，猶如獅吼啊！」

蘇軾問道：「獅吼有何來歷嗎？」

佛印：「獅子產於印度，雄壯威風，是百獸之王！當年佛祖釋迦牟尼誕生時，他一手指天，一手指地，作獅子之吼，是說：天上地下，唯我獨尊！河東夫人之吼，不亞於獅吼。」

陳慥聽了，也不氣惱，只是笑著品茶。

佛印：「東坡居士敢寫一詩嗎？」

蘇軾從地上撿起手杖，圍著桌子轉了一圈，說道：「有了！」便隨口吟出了四句：

龍丘居士亦可憐，談空說有夜不眠。
忽聞河東獅子吼，拄杖落手心茫然。

佛印依然不放過陳慥：「能與獅子同床而眠，常聽獅子之吼，令貧僧羨慕不已。」

陳慥反譏了他一句：「既然當了和尚，哪兒來的母獅子？」

大家聽了，大笑不止。

客人入席後，歌舞妓們出場唱曲獻舞。席間弦聲不斷、杯觴交錯，十分熱鬧。但大家的心目中，主角還是在東坡墾荒的那位貶客，尤其是那些奉命前來侑酒的歌舞妓們，她們都爭著為蘇軾敬酒，有的還將他的詩詞譜上曲子在席前演唱。

一個名叫李琪的歌妓怯怯走到蘇軾跟前，告訴他說，眾姐妹們都

有他的詩詞，唯獨自己沒有，所以大著膽子向他求詩。

蘇軾聽了，當即答應了。他提起筆來時卻發現桌上無紙。正著急時，李琪指著自己的披肩說道：「請學士就寫在披肩上吧！」

蘇軾猶豫了一下，便在她雪白的披肩上寫下了：

東坡四年黃州住，何事無言及李琪。

剛剛寫完兩句，武昌的幾位客人前來敬酒，蘇軾便忙著應酬去了。眾人圍在李琪身邊，看了都覺得詩句平淡無奇、並無新意。

披肩上的詩並未題完，李琪一直站在那裡，見蘇軾舉杯說笑，以為他早已將題詩的事忘了，心中十分委屈。

待蘇軾應酬完了，才急急走到李琪跟前，又在披肩上續上了兩句。

卻似西川杜工部，海棠花好不吟詩。

眾賓客們看了，都連聲稱讚。

原來，詩中用了一個典故：四川的海棠最盛，有「香海棠國」之稱，杜甫曾在成都草堂住了十年，寫詩無數，卻唯獨沒為海棠寫過一首詩！原來，他母親的名字叫海棠，他因避諱母名，一生不寫海棠詩。

宴席散後，李琪一下子成了黃州的名人，許多人圍著她讀披風上的詩句，有的還搶著將詩句抄錄下來。有一位路過的杭州商人，打算

用十匹綢緞換她的披肩，她堅決不肯。後來，她將披肩疊好藏在了衣箱底下，再也不肯讓人看了！

過了端陽，田裡的農活便忙起來了。蘇軾每天都早起晚歸，在稻田裡施肥、除草，收工遲了，便留在雪堂過夜。

一天，蘇軾幹活累了，來到一棵樹下歇息。這時，見一輛運貨的馬車停在坡下，車主人向他討水喝，二人便在樹蔭下閒聊起來。車主人說，他姓易，是蘇州的絲綢商人，到湖北來收蠶繭。他指著車上的一個老樹　子說，昨天，他路過巴河的老塔山時，見有人在山上開荒，挖出了一棵老樹　子並扔在了山下。他發現是棵梅花樹　，便向人家討來想運回蘇州，於是裝到了車上。誰知正值盛夏，再說自己還要去河南進貨，擔心時間一久，樹　乾透了就栽不活了。商人顯得有些無可奈何。

蘇軾到車旁看了看，果然是棵梅樹　子，看樣子樹齡已有上百年了，枯死了確實可惜。易老闆見他挺喜歡這棵老梅　，便說道：「這裡地多土肥，若先生喜歡，就留給先生吧！」

蘇軾聽了十分高興，便和車夫一起將老梅　抬到了雪堂旁邊，挖了個樹坑栽進去了。

栽完了，易老闆還告訴他，開荒的人說，這棵梅樹還有個傳說呢：在唐代，巴河有個楊柳村，村中有戶人家生了個女兒叫河柳，父母為她在山上栽了一棵梅花樹。她長大後經常為梅花樹澆水，梅花開得十分豔麗。河柳心靈手巧，又喜愛詩詞丹青，是當地的一枝花。後

來她嫁給了一個吃喝嫖賭的無賴丈夫，每次丈夫輸了錢，便在她身上出氣，毒打惡罵成了河柳的家常便飯！不到半年，河柳就被折磨死了！自此之後，山上的那棵梅花再也不開花了……

易老闆走了之後，蘇軾為梅　澆透了水，還折了些樹枝為它遮蔭，不久它就冒出了新芽。到了年底，樹枝上竟綻開了紅豔的梅花。與別處梅花不同的是，它的每個花蒂上都有三朵花，每朵花都結三粒梅籽，引得許多人前往觀看。

蘇軾十分喜愛這棵梅花，不論白天多忙多累，回到雪堂後總是先在樹旁站上一會兒才進去歇息。有一個月夜，他望著窗外的梅樹，畫了一幅〈月梅圖〉：在一株蒼老的樹幹旁邊，生出了兩根修挺的新枝，枝頭上有梅花數朵，十分傳神。畫好後，他又寫了三首〈紅梅〉，其中一首是：

怕愁貪睡獨開遲，自恐冰容不入時。
故作小紅桃杏色，尚餘孤瘦雪霜姿。
寒心未肯隨春態，酒暈無端上玉肌。
詩老不知梅格在，更看綠葉與青枝。

蘇軾離開黃州若干年後，雪堂被毀，那棵梅花樹也枯死了，但刻在石板上的〈月梅圖〉至今猶在。

第十九章

癡情的超超注定是悲劇角色

1

蘇軾在東坡鋤了一天的野草，剛剛回到家裡，巢谷便對他說，黃州通判洪仁善要去定惠院的學館視察。

原來，因在臨皋亭讀書的孩子越來越多，臨皋亭實在容不下了，蘇軾便借了定惠院的空房大山堂作為學館，由自己和巢谷在那裡為孩子們授課，人們老遠就能聽到孩子們的讀書聲。視察學館是地方官員們的例行職責，但聽說是洪仁善前去視察，蘇軾就有些警惕了，他若借機找個碴兒怎麼辦？若問起巢谷的來歷怎麼辦？於是，他讓巢谷留在家中，第二天一早他就去了大山堂。

學生們到齊之後，蘇軾開始為他們授課，他說：「今天，為師給大家講陳子昂的詩。未講之前，大家一起詠他的〈登幽州臺歌〉。」

他剛說完，學生們便大聲詠哦起來：「前不見古人，後不見來者。念天地之悠悠，獨愴然而涕下。」

這時，門外傳來一陣車馬聲，不一會兒，洪仁善在學館王祈等官員們陪同下，大搖大擺地走進了大山堂。王祈說道：「洪大人十分關注你們的學業，今日特來視察。」說完，開始逐一檢查學子們的書籍和文本，折騰了半天，並未發現有什麼異常文字。洪仁善笑著說道：「你們讀書是為了你們自己，只有讀書，才能金榜題名；只有讀書，才能光宗耀祖；只有讀書，才能成為人上之人。」說到這裡，他轉頭對蘇軾說道：「近朱者赤，蘇大人教出的學生，大約個個都能吟詩作對。下官想考考他們的才學，蘇大人同意嗎？」

蘇軾十分坦然：「請洪大人出題吧！」

洪善仁：「下官不愛古籍中的那些典故，所以就不出古板題目了。」他指著窗外的一座七層古塔說道：「就以古塔為題吧，下官出一下聯，請蘇大人的高足們對出上聯來，可以嗎？」

蘇軾點了點頭：「請洪大人先出下聯。」

洪仁善一字一板地念道：「寶塔巍巍，七層四面八方。」念完了，他偷偷望了望蘇軾，十分得意。

蘇軾知道，他的這副下聯確實動了些心思。他不但違背常理先出下聯，而且聯中還有三個數字，要對得上，並不容易。果然，學生們個個搖手，表示對不上來。洪仁善冷笑著說道：「不知是蘇大人沒有教好，還是學生們沒有學好。為什麼一個人都對不出來呢？」

蘇軾說道：「洪大人，我的學生們不是都對出來了嗎？」

洪仁善：「本官怎麼沒有看見呢？」

蘇軾：「他們搖手的意思，是『玉手搖搖，五指三長兩短』嘛！」

這副上聯中不但也有三個數字，而且對仗、平仄都十分工整！洪仁善十分尷尬，連忙說道：「對的好、對的好！」便領著王祈等人，灰溜溜地離開了大山堂。

蘇軾剛剛走出定惠院，見城南的余伯迎了上來，將一塊用一根新

鮮稻草繩子繫著的五花肉塞在了他的手裡，說道：「家裡殺了一頭肥豬，我特意選了一塊五花肉，請蘇學士提回去吃吧！」

蘇軾無論如何都不肯接受，二人在路邊互相推讓著。原來，余伯有個孫子在大山堂裡讀書，蘇軾不但不收他的書錢，還手把手教他寫字，他的孫子很有長進。過年時，家中和鄰居們的對聯全是他的孫子寫的！他十分感激蘇軾，所以才送來了這塊五花肉。蘇軾知道，自己若不收下，余伯是不會讓他走的，只好收下了。

二人分手後，忽聽余伯又大聲喊道：「請蘇學士留步！」

原來，他從藕塘裡摘了一個又大又圓的荷葉，想包在五花肉的外邊。這樣，五花肉既曬不著，也更新鮮。

回到臨皋亭之後，蘇軾想親手做一道菜，讓全家嘗嘗自己的廚藝，便將佐料放進一個砂鍋裡。添上水之後，去後院取柴時，忽見後院中的一片青竹在江風的吹拂下不停地搖曳著，其姿其態如一群舞者在月下輕盈起舞。竹子似乎是他生命中的一個夥伴，在眉山老家，他的書房外邊就有一片竹林；在鳳翔任職時，他特意從終南山移來一叢竹子，栽在院中。他喜愛江南的幽幽竹林，在不產竹子的密州，他還栽了一盆冷竹置於案頭。他雖說過：寧可食無肉，不可居無竹，其實，他既愛竹，也愛吃肉！

當他看到風搖竹林時，覺得此景十分難得，連忙回到書房，一面觀察風中的竹影，一面畫在紙上，竟忘了本想做的五花肉了。

這時，蘇友回來了，他看到砂鍋裡既有水又有佐料，旁邊還有包

著荷葉的五花肉，便問道：「老爺，要煮肉嗎？」

蘇軾只是「嗯」了一聲，仍在低頭畫竹。

蘇友又問：「這肉是怎麼個煮法？」

蘇軾隨口應道：「將肉放在鍋中，點火煮就行了！」

蘇友有些納悶兒，哪有這樣煮肉的？不過，他也知道蘇軾常有一些古怪想法，這會不會是他的一個新法子呢？於是，他連肉加稻草繩子和荷葉一塊放進了鍋裡，點上火，在灶上煮起來了。

由於專心致志畫竹，時間過得飛快，他一共畫了三幅〈風中看竹圖〉：有的畫的是成片的竹林，滿眼鬱鬱蔥蔥；有的畫了三五株，每株都十分傳神；還有的只畫了一株，竹枝竹葉、青翠欲滴，他十分滿意。

忽然，聽見門外喊道：「好香的肉味啊！貧僧在船上就聞到了！」話到人到，佛印和尚已經進來了。

經他提醒，蘇軾也聞到一股撲鼻的肉香，這是哪裡來的？他循著香味到了灶房，見灶上的砂鍋不斷地冒著熱氣，灶中還燒著一塊老樹根。他掀開鍋蓋一看，一下子傻眼了，原來稻草繩子和荷葉還緊緊地包紮著五花肉！他用剪子剪開荷葉，解開了稻草繩子，將五花肉整整齊齊地切成了八塊，盛在一只盤子裡，只見肉色嫩黃、通體晶瑩，還伴有一種稻田的淡淡清香。

佛印笑著說道：「蘇學士做的五花肉絕不亞於揚州的佛跳牆！」說著，用手拿起一塊，連忙填進了嘴裡。

蘇軾笑著問他：「出家人都吃齋，你怎麼開了戒啊？」

佛印一本正經地說道：「善哉、善哉！都是因為受了這種五花肉的引誘，貧僧才開戒的！」

正當二人守著一盤五花肉鬥嘴時，徐大受因事領著一些官員路過臨皋亭，他聞到肉香誘人，便推門進來了。當他聽蘇軾說了做五花肉的經過後，又親口嘗了一塊，感到此肉綿糯鬆軟，又不膩不黏，十分可口，且帶有一種田園的清香，便連聲稱讚：「在下只知道蘇學士的詩好詞好畫好，沒想到烹的五花肉竟也如此之好！」

蘇軾苦笑著說道：「我這是歪打正著，才做出了這種五花肉，若傳出去了，非讓人家笑破肚子不可！」

徐大受：「下官不管是否歪打正著，明天就讓廚子前來學著烹飪這種五花肉！」說完，率領眾人走了。

自此以後，「蘇軾善做五花肉」便一傳十、十傳百地傳遍了全城，城中大大小小的菜館酒樓都推出了最新的一款菜餚：東坡肉！

麻煩還在後邊呢！這種東坡肉出名之後，外地的大廚和商人們紛紛前去請教蘇軾，求他將烹飪五花肉的秘方傳授他們。蘇軾便用黃州的大白話寫了一首〈燉肉歌〉，送給他們：

慢著火，少著水。
柴頭罨煙餡不起。
待它自熟莫催它，

火候足時它自美。

黃州好豬肉，價賤如泥土。

富者不肯吃，貧者不解煮。

早晨起來打兩碗，

飽得自家君莫管。

府衙的書辦還將這首〈燉肉歌〉工工整整地抄錄了若干份，貼在城門和大街上。不久，「東坡肉」就像蘇軾的詩詞那樣傳遍了天下，凡是嘗過「東坡肉」的人，都交口稱讚。

「東坡肉」的專利權應屬於蘇軾，可惜當時沒有專利局！

2

連續下了幾場雨，老天一直未能放晴。因不能下田幹活，蘇軾只好在雪堂裡讀書。

突然，蘇友冒雨跑來了，他哭著說道：「老爺，任奶娘她、她已經過世了。」

蘇軾一聽，扔下書就向臨皋亭跑，因為路滑，他在路上摔了一跤，爬起來又接著跑。一進屋，見奶娘任採蓮安詳地躺在床上，王潤之、王朝雲正在為她穿壽衣，他「撲通」一聲跪在床前，大聲說到：「奶娘，你怎麼——」還沒說完，竟然暈倒了！蘇友連忙將他扶起來。

他是吃奶娘的奶水長大的。當年，她在眉山照料過母親程夫人，還跟隨自己千里迢迢離開四川到了中原，先照料王弗坐月子，後又照料王潤之和王朝雲坐月子，自己的三個兒子都是她一手照料著長大的，現在又在幫著王朝雲照料著蘇遯！她跟著自己東奔西跑，吃苦受累不說，還替自己擔驚受怕！她是世上最疼愛自己的人，今天，怎麼就撒手走了呢？他哭得像個孩子，嘴裡喃喃說著：「奶娘走了，我該怎麼辦呢？我該怎麼辦呢……」

大家在旁邊不斷地勸他：「人死不能復生，請老爺節哀。」

王潤之和王朝雲連忙將他扶到了前廳。

出殯是按照四川老家的習俗舉行的，蘇軾將她葬在離東坡不遠的山崗上，以便能時時看到她的墳墓。安葬了奶娘之後，天仍然陰沉沉的，好像隨時都會下雨。蘇軾讓家人先回去了，他獨自默默地坐在墳前，禁不住的眼淚又順著臉頰淌下來了！也許眼淚感動了上蒼，天上也下起雨來，而且越下越大。任憑大雨如注，他依然坐在墳前，一動不動！

不知道是傷心過度還是淋了大雨，蘇軾回去之後便發起燒來，整整燒了三天三夜，竟燒得不省人事了！退燒之後，他覺得雙眼看物有些模糊，原來視力也減弱了，只好閉門不出，在家中養病。

徐大受聽說蘇軾病了，便去臨皋亭探望。蘇軾對他說，待他痊癒之後，他想去探訪武昌太守朱壽昌和潘大臨等友人，徐大受連忙應允了。

朱壽昌是蘇軾當年的一位舊友，因為孝悌之德而受到朝野尊敬。他三歲時，生母因故與他分離。他長大之後，一直思念自己的母親，並發下宏願：今生今世一定要找到母親！他用鋼針刺自己身上之血，一筆一劃地抄完了整部《金剛經》，並不辭千辛萬苦去尋找生母。上蒼有眼，他整整尋訪了五十年，終於找到了自己的生母，並將她接回家中奉養，母子終於團聚！享用了三年天倫之樂之後，生母謝世。他的孝行感動了蘇軾，蘇軾曾寫過一首〈賀朱壽昌得母〉頌揚他的美德。

病中的蘇軾還想起一件事：他到黃州之初，客居武昌的王天麟渡江來看他時，閒談中曾說過一件讓他十分震驚的事：在武昌和黃州一帶，民間常常發生「溺嬰」事件。

原來，由於生計艱辛，一般人家養活二男一女已十分吃力了，若再有女兒出生，不但無法養活，且全家都會陷入捉襟見肘的困境。唯一的辦法，就是將剛剛生下的女嬰溺死！溺嬰時，父母心中實在不忍，不得不閉上雙眼，轉過身去，將自己的親骨肉按入冷水盆中！有的女嬰還會在盆中啼哭良久才死！其情其景，令人心碎！

有一天，蘇軾路過一個渡口時，見一女子坐在一個小土丘旁邊低聲而泣，有人告訴他說，因她剛剛掩埋了溺死的女嬰，心中十分悲痛。

蘇軾聽了，為此吃飯不香、睡覺不寧。

凡孝子，必是仁人。於是，他給武昌太守朱壽昌和黃州太守徐大

受分別寫了一封書信，請求他們出面制止這種野蠻而又殘忍的惡俗。他還引用了大宋刑律：「子孫違法致令，而祖父母、父母毆殺者，徒一年半，幫殺者加一等。」

他還在信中提及了在密州的經歷：當年密州旱蝗匪災不斷，許多人家背井離鄉逃荒去了，棄兒衣食無著。他曾撥米百石作收養棄兒之用，每日發放六斗，一年後棄兒與收養人家便有了父母之愛。他建議朱壽昌以太守之職發號施令，禁止這種有違人倫的惡俗。他又聯合黃州的古耕道、郭遘和武昌的王天麟等熱心快腸的人士，發起成立了一個「育兒會」，向富戶人家募捐錢米，每戶每年一千錢，他當時雖然拮据，也毅然出了三千錢。「育兒會」募來的錢、米交給安國寺的繼連方丈掌管，用來買米、布、絮等物，以救助生下女嬰的貧困人家，並勸他們珍惜自己的骨肉。

因朱壽昌的任期將滿、即將調離武昌，蘇軾心中又一直惦記著「育兒會」的事，所以才急著過江去看望他。

待他病癒之後，適逢蘇轍和女婿王子立前來黃州看他。於是，一行三人，渡江去了武昌。

3

樊口是武昌的一個重鎮，長江之水通過九十里長港與梁子湖相通，湖上船舶眾多，是貨物的集散之地。鎮上店鋪林立、客商如雲，十分繁華。潘氏三兄弟家有薄產，又開了一家酒坊，因善於交際，很得人緣。

蘇氏兄弟的小船剛剛抵達碼頭，潘氏三兄弟連忙將他們迎進了潘丙的酒坊。

潘氏兄弟祖籍浙江，客居武昌多年。潘氏酒坊釀出的白酒清純香醇，人稱「潘生酒」，在武昌一帶頗有名氣。因蘇軾曾多次到過武昌，而蘇轍和王子立卻是第一次來，老二潘鯁指著江中的一塊巨大岩石說道：「看，那裡就是釣魚臺，人稱江水為大洄、湖水為小洄，大洄和小洄就在釣魚臺下匯合，真正的武昌魚就產在釣魚臺下！」

這時，潘鯁的兒子潘大臨提著魚網匆匆回來了，網中有魚兒在抖動。他笑著說道：「兩位大人真有口福，我剛剛在釣魚臺上捕到了一尾武昌魚！」

將魚放進池中之後，他指著釣魚臺說，當年，吳王孫權豪飲，常率文武百臣們在釣魚臺上飲酒作樂，有的人喝得人事不省而滾落江中，有的人酩酊大醉之後，他命人用江水將其潑醒後再喝！老臣張昭十分生氣，獨自回到車上，以示抗議！

孫權問他：「我今日不過是和群臣飲酒圖個快樂，你為什麼生這麼大的氣呢？」

張昭一本正經地說道：「昔時的紂王戀色貪酒，不也是圖個快樂嗎？」

孫權聽了，覺得他說的有理，便命人撤了宴席，自此在西山讀書堂裡研究兵書、在散花灘上檢閱水軍。他造的那艘可載千人的指揮艦「長安號」，就是在這裡下水的！

這位以打漁為生的詩人對武昌魚頗有研究，他說，產自釣魚臺下的武昌魚也叫樊口鯿魚，頭圓、背厚、鱗白、腹中沒有黑膜；更奇特的是，別處的鯿魚有十三根肋骨，而這裡的鯿魚卻有十四根！這種魚肉細若凝脂，鮮美可口，是魚中的上乘佳餚。

坐在酒坊裡，喝著潘生酒、品嘗著樊口鯿魚、聽著孫權當年的軼聞，別有一番情趣。酒後，一行七人便沿著雷山烽臺下的一條山路而行，找到了孫權在西山拜天稱帝的郊臺、看了他在西山頂上的試劍石之後，便去了靈泉寺。靈泉寺就是當年孫權的避暑宮，他去了南京之後，慧遠和尚雲遊天下時看中了這裡，便闢為西山寺，成了佛教淨土宗的發祥地。因寺中有三眼古泉，所以又叫靈泉寺。

茶案設在寺外的九曲嶺上。僧人奉上茶來，西山寺的方丈寶忠說道：「這茶是貧僧在山中採的野茶，請諸位施主品嘗。」

蘇軾端起杯子喝了一口，頓覺茶湯甘冽、嘴裡生津，便問道：「請問方丈，這茶是用什麼水煮的？」

寶忠指著一眼泉水說道：「是用菩薩泉的泉水煮的。」

蘇軾聽了，來了興趣，問道：「為什麼叫菩薩泉呢？」

寶忠向他講述了一個神秘又離奇的傳說。

晉代的陶侃在廣州任刺史時，聽漁家說：在南海之中，每晚都能看到一團神光照亮海天，數日不滅。他便派人下海打撈，撈出了一尊文殊師利的金像，像上有字，是印度的阿育王所鑄，便派人將金像送

到武昌西山寺中供著。後來，他調任荊州、派數十人搬運金像時，金像紋絲不動！最後派來一輛牛車，用三十頭牛才將金像拉到江邊。裝到船上後，卻將船壓沉，金像墜入了江中！他只好棄像而去。慧遠和尚在江邊誦經數日，奇跡出現了，金像竟冉冉升到了江面！慧遠便將金像迎進寺中供奉。

慧遠後來掛錫廬山東林寺，又將金佛運到了寺中供奉。唐代會昌年間天下滅佛時，這尊金像忽然不見了。而武昌西山寺的僧人們卻發現在一眼古泉中常有靈光現世，徹夜不息，過去一看，原來是一尊文殊師利的金像！僧人們又驚又喜，精心守護著那眼古泉，並將古泉稱為靈泉，也叫菩薩泉。

煮茶的水，就是汲自菩薩泉。

蘇軾聽了，大為感動，他應寶忠方丈所請，答應為他寫一篇〈菩薩泉銘〉。

時近午時，因爬了大半天的山路，眾人都餓了。寺中僧人食素不食魚肉，寶忠打算派人下山去買菜肴，蘇軾聽了，搖了搖頭，問道：「寺中灶房有什麼可充饑的？」

寶忠有些難為情，說道：「因已到月尾，寺中食物已經用光，唯有一袋麥粉和一罐麻油。」

蘇軾聽了，忽然想起了當年在四川棲雲寺時吃的那種酥餅，大師還向他傳授過炸製酥餅的方法，便笑著說道：「這已足夠了，待我炸製一種酥餅，請諸位品嘗！」說完，挽起衣袖進了灶房。他用菩薩泉

水和麵，又將麵搓成竹箸粗細的麵索、盤成一砣，再以手壓成碗口大的麵餅，麻油在鍋中燒沸之後，便將麵餅放進鍋中。待麵餅呈黃色之後，便撈出裝盤，涼透後便可食用了！

僧人們照著葫蘆畫瓢，按他傳授的方法不一會兒就炸了一大盤酥餅。酥餅送到九曲嶺上，眾人既沒看過更沒吃過這種酥餅，待吃了一口才發現，這種其貌不揚的酥餅既酥又脆，滿嘴皆香。潘鯁不小心將酥餅掉在了地上，只聽「啪」的一聲，酥餅竟如一只瓷瓶，在地上摔得粉碎了！

寶忠見大家都十分喜歡這種酥餅，便命僧人多炸了一些，分送給上山進香的施主，施主們嘗過之後都稱讚不已。消息傳開後，不但武昌城裡的人，甚至連路過的人，都指名要買「蘇東坡炸製的那種酥餅」帶回去讓家人品嘗或贈送友人。於是，「東坡餅」之名便傳播開了。一千多年過去了，寺中的僧人換了一代又一代，但這種「東坡餅」的做法至今未變、味道也未變。

4

聽說蘇軾到了西山，即將卸任的朱壽昌沒有乘轎，匆匆登上了九曲嶺；住在車湖的川人王齊萬和王齊愈兄弟二人也匆匆趕來了。武昌城裡的人們知道消息之後，也紛紛到了西山，都想看看這位雖然運氣不佳但名氣依然不減的倒楣詩人。

大家在九曲嶺上席地而坐、舉杯把盞，十分盡興。蘇軾聽說王子

立明天要去汴京，很想寫幾封信向朋友們問好，但一時又不知該寫什麼，再說一旦落到曾淳、李定等人手裡，對朋友則是一種傷害！這時，一名小沙彌提著茶壺過去倒茶，他靈機一動，端起一杯茶水遞給王子立，笑著說道：「子立賢姪，我就以菩薩泉水代酒，敬你一杯，權作送別吧！」接著詠道：

送行無酒亦無錢，勸爾一杯菩薩泉。
何處低頭不見我，四方同此水中天。

王子立聽了，說道：「姪兒定將伯父的這首詩帶到汴京，以解人們的思念之情。」

朱壽昌說道：「今日西山之聚，東坡先生不可無詩。」他大聲對隨行人員說道：「筆墨伺候！」

蘇軾也不推辭，他走到桌前，略微思索了一會兒，便寫下了一首〈武昌西山詩〉。

大家又請蘇轍留下墨寶，盛情難卻，他也寫了一首〈陪子瞻游武昌西山〉。

王子立寫了一首七絕之後，潘大臨連著寫了兩首五律〈武昌西山〉，王氏兄弟各填了一首詞……，一時間，九曲嶺上松濤陣陣、詩聲朗朗，盛況空前。

正當大家沉浸在詩情和友情之中時，忽見一名中年男子牽著一個小女孩登上嶺來，男子怯怯問道：「請問，哪位是蘇大人、也就是東坡學士？」

蘇軾連忙說道：「在下就是，請問找我有什麼事嗎？」

男子聽了，連忙對小女兒說道：「菜花，快給恩人叩頭！」

菜花大約只有三四歲的模樣，她十分乖巧，連忙跪在蘇軾跟前，說道：「菜花給大恩人叩頭！」說著，連連叩了三次。

蘇軾一邊扶她起來，一邊問中年男子：「先生是⋯⋯」

中年男子：「草民叫丁秋生，住在武昌文塘村，當年因家境貧寒，生下小女後怕養不活，打算⋯⋯幸虧育兒會送去米和棉絮，才留下了這條小生命！育兒會是東坡學士宣導的，沒有東坡學士，就沒有今天的菜花！聽說學士到了西山，草民特意趕來，想接學士到草民家中住上一天，以表全家人的感激之心。」

小菜花也幫著父親說道：「我母親將蘇學士當成菩薩，供在家中。」

蘇軾明白了，連忙說道：「不敢當、不敢當，要謝，我們都應謝太守大人才對呢！」

小菜花見蘇軾不肯答應，竟急得哭起來了。

王氏兄弟連忙解釋說，在武昌一帶，育兒會一共救下了數百女嬰，年齡都和菜花差不多，若去了菜花家，其它人家去不去？今晚還是到王氏兄弟家中住宿，以後有了機會，再挨家去看望她們。

丁秋生十分通情達理，他謝過蘇軾和朱壽昌之後，便牽著菜花的小手，一步一回頭地離開了九曲嶺。

5

因蘇軾病了一些日子，又在武昌的友人家中住了幾天，不料又引起了一場風波。這場風波不但波及朝中的大臣，還波及了神宗皇帝！

洪仁善心細如針，他發現已有很長時間沒見到蘇軾了。他會到哪裡去呢？過去，一些過往的船隻路過臨皋亭時，船工們常常指著拄著拐杖散步的人說：「看，那個人就是蘇東坡！」現在，路過的船工再也沒有看到過他的身影。他對蘇軾的去向產生了興趣，他去過東坡數次，田地裡沒看到蘇軾；他多次去過雪堂，雪堂已不似往日那樣客人來往、門庭若市，也聽不見裡邊的讀書之聲。他還發現，蘇軾的幾個兒子曾穿著孝服孝鞋，他們是為誰戴孝？有一天，他看到蘇邁等人提著籃子從一座小樹林中走出來，待他們走遠之後，他果然在樹林裡有所發現：在一座新堆起的土墳上插著一枝白幡，墳前有燒過的紙灰，地上還擺了些糕果祭品！他當即斷定：蘇軾已死！

他顯得很激動，因為蘇軾之死是他最先發現的！這可是一件大事，應立即上報！轉而一想，不可！上次因傳聞蘇軾潛逃一事，曾被徐大受斥為「慌報軍情」，讓他差一點下不了臺，這是教訓。這次，絕不能再報告徐大受了，應盡快報給李定！此功不就是自己的了？同時，徐大受也會因監管不力而受到彈劾！於是，他不動聲色地寫了一封急函，天剛亮就去了驛站，發往了汴京。

李定收到他的急信後，立即前去向章惇報告。章惇讀過之後，「嘿嘿」了兩聲，說道：「這個頑固不化的蘇長子，雖然逃過了烏臺

詩案，卻本性不改、寫詩發洩心中不滿，說什麼『劍在床頭詩在手，不知誰作蛟龍吼！』這分明是衝著本官和新政來的嘛！本官正想再次對他彈劾，不想他卻——死了！」

坐在一旁的王珪說道：「既然蘇軾已死，也就不必追究他了！」

章惇將洪仁善的急信向桌子上一扔，悻悻說道：「便宜這個蘇長子了！」

消息傳到了崇政殿，宋神宗當時正在潛心閱讀蘇軾的前後兩篇〈赤壁賦〉，一邊讀還一邊稱讚：「寫得好！天下之人難有這等文章！」

當聽說了蘇軾的死訊時，他大為驚訝，連忙問尚書左丞蒲宗孟：「傳聞蘇軾死於黃州，可是真的？」

蒲宗孟連忙答道：「臣亦聽說過此事。有人說他在烏臺大牢受過重刑，到黃州後舊傷發作而死；也有人說，他在江堤上吟詩時，因不慎失足，墜入江中淹死了；還有人說，他在黃州得了病，因無錢抓藥醫治，是貧病致死的。但臣以為，一直未見黃州太守送來的奏章，蘇軾的死訊難以證實，諸種說法僅是傳聞而已。」

宋神宗聽了，心中將信將疑，他嘆了口氣說道：「人才難得啊！」

蒲宗孟心中明白，宋神宗早就想起用蘇軾、讓他負責編修國史，但現任宰相蔡確和副相章惇從中作梗、拖著不辦，令宋神宗既氣惱又無可奈何。

聽說蘇軾已死於黃州，住在汴京近郊的范鎮痛哭流涕，他立即命人在家中設置了靈堂，由他親自主持祭奠，還立即派出子弟帶著金銀絹帛前往黃州去接濟蘇軾的家人。誰知去黃州的人走到半路上，恰好遇到了剛剛離開武昌的王子立，仔細詢問才知道是虛驚了一場，一行人又連忙返回了汴京。

其實，自蘇軾被貶之後，大宋的政局每況愈下。

朝廷裡有分量的重臣們已退出了權力核心：司馬光在洛陽的獨樂園裡潛心撰寫他的《資治通鑑》，不再過問政事；張方平以太子太保致仕後，因年邁多病，在家中休養；以司徒致仕的韓國公富弼已病逝洛陽；文博彥雖然拜了太尉，但在河南任職，只能與同輩之人流連詩酒、消磨時光；就連最有魄力的王安石也只能隱居金陵，每天騎著一頭毛驢在鍾山道上尋覓詩句。

蔡確被授予尚書右僕射兼中書侍郎，章惇為中書侍郎，王珪為尚書左僕射兼門下侍郎，張璪為中書侍郎，朝中的實際政務都掌握在他們手中。

當初，將蘇軾貶到黃州並非宋神宗的本意。他也知道，蘇軾並無「訕謗」自己的意思，只是蘇軾的政敵硬要給他扣上一項「訕謗」的罪名而已。按大宋的傳統制度，皇帝必須接納諫官們的意見，而新政又是朝廷的既定政策，所以，宋神宗雖然器重蘇軾，但也不得不暫時犧牲蘇軾！

元豐三年（1080年）九月，宋神宗決意起用司馬光，也附帶起用

蘇軾。他將蔡確、章惇和王珪等人召集到文德殿，舉行御前議事時，拿出了一份任職的名單：在「御史中丞執政」一格中，寫著司馬光的名字；在「中書舍人」一格中，寫著蘇軾的名字；還有幾個因反對新政而被免職的舊臣也都有了任命安置。他特意指著御史中丞一格說道：「此職，非司馬光不可！」

蔡確、章惇和王珪聽了之後，看到宋神宗態度非常堅決，便不敢硬頂，只得連聲答應：「臣等遵命。」

明裡遵旨、暗裡抗旨，這是弄權者的常用技倆。三人回去之後，商議了一個轉移朝遷視線的方案：宋神宗十分痛恨不斷侵擾大宋邊境的西夏，若提出派兵深入西夏巢穴、收復大宋失地，宋神宗必然同意；而司馬光老成持重，絕不會贊成發動冒險的邊境戰爭。那麼，宋神宗便不會起用司馬光等人了。

這是他們精心設計的陰謀，也是一個十分成功的陰謀，更是一個誤國誤軍的陰謀！

蔡確授意慶州太守俞充上書〈平西夏策〉，一下子打動了宋神宗。他立即下詔：發兵進討西夏！

誰知開戰不久，戰場失利，出征時的十多萬大軍生還者不足萬人！

宋神宗為此鬱鬱成疾。

第二年五月，在討論編修國史時，宋神宗說：「編修國史是件大事，可命蘇軾主編！」

他說完了，發現蔡確、章惇和王珪等人皆有難色，知道他們不同意，又說：「若蘇軾不合適，可用曾鞏。」

誰知曾鞏剛剛編成《太祖總論》，不久便去世了。

宋神宗心裡總是忘不了蘇軾，他降旨起用蘇軾為江寧太守！

三人不敢再硬扛了，便讓中書侍郎張璪起草詔書。詔書送到王珪手上後，他以為「不可」，至於為何「不可」，他沒說明。次日，他將蘇軾改為了承議郎、知江州太平觀——仍是一個掛名的虛職！

他們想反對一件事，先是推，推不掉就拖，一拖再拖，也就達到他們的目的了。

宋神宗實在是忍無可忍了，他不再與執政的宰輔們商量，而是祭出了自己的法寶——「皇帝手札」！他以「皇帝手札」下詔：「量移蘇軾汝州。」

使用「皇帝手札」是皇帝不得已而為之的辦法。這種手札，可稱「手詔」，可用於非常恩典或特赦，也稱「御札」，是表明皇帝一定要辦的事。一經頒下，臣子只能執行，不能拖延或再議。若不是起用蘇軾多次遭到阻撓，宋神宗是決不會打破常規使用「皇帝手札」的。

遠在武昌遊覽西山、以詩會友的蘇軾，對汴京所發生的一切都一無所知。

當他從武昌乘船剛剛到了黃州時，徐大受已等候在碼頭上了，他大聲說道：「恭喜蘇大人！」

蘇軾笑著說道：「身為罪臣，會有何喜？」

徐大受：「朝廷的詔書已送達黃州，詔書上說，『特授蘇軾檢校尚書水部員外郎，汝州團練副使，本州安置！』這還不是喜事？」

蘇軾聽了，不但不喜，反而心中添堵：他對黃州已有了極深的感情，本想隱居東坡、躬耕終生、以求超脫，誰知難遂心願！

量移，也就是靠京城近一些，算不上是一種起復。宋神宗考慮到當前執政大臣們都容不得蘇軾，若立即將他起用復官，恐會滋出一些事端，不如暫時將他留在河南，看情形再做決定。

當天夜裡，蘇軾在雪堂裡寫了在黃州的最後一篇文章〈謝量移汝州表〉之後，天色已經亮了。他到東坡看了看長勢喜人的稻穀，又忙著去與友人們逐一道別……。

6

一隻官船停在碼頭上，江面上彌漫著薄薄的江霧。徐大受等官員和郭遘、古耕道以及武昌的潘氏三兄弟等人都趕來了，碼頭上已聚集了數千人。可是官船卻不能離岸，因為蘇軾尚未上船！

王潤之同家人一面與送行的人打著招呼，一面不斷地朝岸上眺望著，但一直望不見蘇軾的身影。她悄聲問身邊的王朝雲：「朝雲，老爺會在哪裡？」

王朝雲搖了搖頭。

佛印笑著說道：「貧僧知道！」

王朝雲：「老爺去了哪裡？」

佛印神神秘秘地說道：「他去了一個他想去的地方。」

王朝雲：「大師說的，等於沒說。」

佛印：「他去看望一位想去看望的朋友。」

王朝雲：「還是等於沒說。」

佛印：「他去尋找一首詩去了。」

王朝雲：「更是等於沒說。」

佛印：「他去尋找一個夢去了。」

王朝雲：「說了也是白說！」

眾人聽了，都忍不住笑了起來。

江霧漸漸散了，前來送別的人也越來越多了，可是蘇軾仍未露面！人們都在猜測，蘇軾會在哪裡呢？

其實，此時此刻的蘇軾正在一戶人家的門口徘徊著。

這戶人家的主人姓溫，叫溫君，住在定惠院的旁邊，是黃州府的都監，負責管理本州部隊的屯駐、武器、訓練等差使，屬下級武官。他有個獨生女兒，芳名超超。

超超自小聰慧可人，稍大些特別喜愛蘇軾的詩詞，溫君一家視她為掌上明珠，十分疼愛。超超剛剛過了「及笄」之年，已出落得嫻淑溫柔、亭亭玉立了。她聽說蘇軾已被貶謫黃州，心中忽然有了一種莫名的激動與憧憬。當地的女孩子過了十六歲就該談婚論嫁了，有不少人前去為她提親，但她總是不肯答應。溫君也不為難她，出嫁之事只好慢慢拖著。

有一天，超超和女伴們去江邊踏青時，有人指著遠處的一個人影問道：「那個人是誰？」

超超從來都未見過蘇軾，更未與蘇軾說過話，但她斷定那個人影就是蘇軾！她還悄悄對閨中密友說：「這才是我的夫婿呢！」

密友們聽了，以為她是在開玩笑。因為情竇初開的少女們，心裡都藏著一些不著邊際的夢想，也就沒有在意。

這時的蘇軾已經四十六歲了，經過了「烏臺詩案」的折磨，已顯老態，再加上生活貧病交加，就更變得憔悴不堪了。他做夢都不敢相信，竟還有一個叫超超的少女鍾情於自己！

自此之後，蘇軾晚上在定惠院讀書時，常常發現窗外站著一個身影，待他推窗看時，發現那是一位少女的倩影！後來才知道，那個少女叫溫超超。

蘇軾已察覺到了超超的心事，他想，自己絕不能耽誤了她的青春。於是，便去拜訪溫君，並向他提及，自己很想為超超物色一位人品、才學俱佳的後起之秀，讓他們結成連理，美美滿滿地過日子。

其實，溫君也早已察覺到了超超的變化，還知道了女兒「非蘇不嫁」的心願。他正為難以說服超超而發愁呢，聽了蘇軾的建議之後心中十分感激，天天盼著蘇軾的好消息。

　　誰知就在蘇軾到處為超超物色理想的人選時，卻突然接到了調離黃州的詔書！

　　當天夜裡，蘇軾輾轉難眠，他索性爬起來，在院子裡徘徊著。這時，一勾殘月照在梧桐樹上，也許樹上的鳥兒被他的腳步聲驚擾了，只見樹枝抖動了一下，那鳥兒便飛離梧桐樹、在朦朧的月光中向江灘飛去了。他見了，心中生出了一種莫名的惆悵。

　　回到房中，他借著桌上的月光寫了一首〈卜算子〉：

缺月掛疏桐，漏斷人初靜。時見幽人獨往來，縹緲孤鴻影。
驚起卻回頭，有恨無人省。揀盡寒枝不肯棲，寂寞沙洲冷。

　　寫完了，吟哦了一遍，才上床睡下了。

　　蘇軾安排了啟程的各項事宜之後，便匆匆去了溫宅，想向溫君告別。但當到了溫宅門口時卻猶豫起來了。見了溫君怎麼說才好？若遇上了超超又該怎麼辦？他心裡有種自責：若沒有你蘇軾，就不會惹得一個少女如此癡心！他還有一種愧疚之感：自己曾向溫君許諾過，要為超超物色一位後起之秀，但因為自己的突然離去而使這一願望落了空！

　　他在溫宅門前徘徊良久，到底進去不進去？拿不定主意。

其實，他也捨不得離開生活了四年多的黃州，但君命難違，他不得不離開。將來若有了機會，他一定會懇求朝廷准許他終老黃州！至於超超的終身大事，他將拜託黃庭堅、秦少游等人幫著為她物色佳偶！想到這裡，心中漸漸坦然了，便離開了溫宅，匆匆趕往了碼頭。

開船的時辰早已過了，但仍不見蘇軾的影子，人們由焦急變得不安起來，他會在哪裡呢？

佛印眼尖，他指著遠處說道：「看，他來了！」

人們轉頭望去，果然是蘇軾的身影！他拄著手杖，戴著高冠，匆匆忙忙地來到了碼頭，大聲說著：「在下來遲了，讓眾位久候了！」說完，向眾人深深一拜便登上了官船。

在人們「一路順風」和「後會有期」的祝福聲中，官船緩緩離開了碼頭。

蘇軾站在甲板上，一邊頻頻向岸上揮著手，一邊在心裡念叨著：「但願能後會有期！」

那位多情而又固執的溫超超，不知還能不能等到「後會有期」的那一天？

官船揚起了帆葉，破浪而去。

第二十章

一進京城，就看到了華燈下的刀光劍影

1

官船順風順水，一路向東而去。

這艘官船頗為寬敞，分為上下兩層，眷屬和行李都在下層艙中，上層除舵房之外還有一大間廳房，蘇軾和隨船送行的馬夢得、佛印、參廖、楊世昌、陳慥等人坐在廳房裡，他們一面品茶，一面欣賞著兩岸的風光。大家無拘無束、談笑風生，並不覺得旅途勞累。

當官船抵達三江口時，蘇軾忽然想起了什麼，他對船工說，船到「天下第三泉」時，將船稍微停一停，他要汲一罐中江的江水。

中國的第一泉是濟南的趵突泉，第二泉是無錫的惠山泉，第三泉就是三江口的中江了。唐代茶聖陸羽曾汲三泉之水煮茶，他稱這裡是「天下第三泉」。

三江口是上、中、下三條江水的匯合之處，中江之水是岸上的一眼泉水湧入了江中。泉眼粗若大缸，不但水質清澈、爽口，而且含有地下礦物，可治療頑疾。蘇軾初到黃州時，王安石從金陵寄來一信，除了對他的遭遇表示同情之外，還特意囑咐他，若有機會，請他到金陵一敘，並讓他路過三江口時，一定幫自己汲一罐中江之水！事已過了數年，蘇軾已漸漸忘了這件事了，如今忽然記起，便命蘇友早早備下了陶罐和水桶，準備汲水。

他站在船頭上，見三江口的江水如沸、浪濤迴旋、水花飛濺，十分壯觀。當到了中江時，船受急流沖激，竟沖過了中江。待蘇友連忙提桶汲水時，船已到了下江！蘇友連忙汲了兩桶，裝進了陶罐。

蘇軾指著陶罐說道：「這已不是中江的水了！」

蘇友笑著說道：「中江的水流到了下江，神仙也分不出是中江之水還是下江之水了！」

蘇軾聽了，覺得他說的頗有道理，便讓他封好罐口，搬進了艙中。

到了九江，安頓好了眷屬之後，蘇軾等一行人結伴前往廬山西林寺。蘇軾看到遠山雲遮霧罩、若隱若顯，近看松竹疊翠、山青水秀，便在寺壁上題寫了一首絕句：

橫看成嶺側成峰，遠近高低各不同。
不識廬山真面目，只緣身在此山中。

佛印見了，說道：「此詩說的是當局者迷、旁觀者清啊！」

眾人聽了，也都有同感。

到了湖口，一行人又乘著夜色遊覽了石鍾山，蘇軾還寫了一篇〈石鍾山記〉。

送君千里，終有一別。蘇軾依依不捨地告別了這些天南地北的朋友，繼續向東航行。

當官船路過馬鞍山時，王朝雲悄悄對蘇軾說道：「老爺，我們的遁兒發起燒來了！」

蘇軾將手放在蘇遁的額頭上一試，果然燙手。他雖然心中十分焦急，但還是輕聲安慰她說：「一到金陵，我就上岸請郎中診治。」

王朝雲邊聽邊點頭。她將蘇遁摟在懷裡，輕輕拍打著，蘇遁似睡未睡，小臉燒得緋紅，嘴唇已經乾裂了，著實讓人心疼。王朝雲伸頭向外看了看，見前頭江面茫茫、水天相接，問道：「什麼時候才能抵達金陵？」

蘇軾：「快了、快了，用不了半天航程就能抵達金陵了。」

然而，小蘇遁終於未能熬過那段備受煎熬的航程。當金陵城遙遙在望的時候，在王朝雲懷裡昏睡的蘇遁再也沒有醒過來……

在上岸安葬蘇遁時，蘇軾不讓王朝雲下船。王朝雲哭著說道：「不，我要親自將遁兒送上山去！」說完，她將蘇遁包好，又為他擦了擦臉，便跟著蘇軾上了岸，來到了一個荒山坡上。她默默地看著蘇友挖了一個小小的土穴，默默地望著蘇軾將蘇遁放進穴中，又默默地看著土穴變成了小小的土丘。這時，她猛地撲到了土丘上，撕心裂肺地大哭起來！她說她的蘇遁的房子太小了，便用雙手捧著黃土，輕輕撒在了土丘上……

回到船艙以後，王朝雲看到了蘇遁的小枕頭，便一把抱在懷裡，又哭了起來。

蘇軾雖屢遭挫折，但中年得子，十分欣慰。王朝雲更把蘇遁看得勝過自己的生命，日夜愛不釋手，盼著他快快長高長大，因為蘇遁就是她的一切。蘇遁一旦沒了，她覺得天一下子塌下來了，眼前一片漆黑。她坐在船艙裡，不吃也不喝，更不說一句話。蘇軾不知該用什麼言語安慰她才好，只好日夜陪伴著她。

2

金陵的下關碼頭十分熱鬧，店鋪一家挨著一家，車馬往來不斷，行人熙熙攘攘。不遠處有拉著板琴賣唱的，有耍大刀弄長槍練武的，還有的小販提著籃子、在岸上叫賣甜糕和油炸果子。因蘇遁剛歿，全家人都沉浸在悲哀之中，除買了些糧、菜之外，一家人都沒離船。

坐在船舷上洗菜的蘇友忽然聽見有人在岸上問道：「請問，這是蘇大人的船嗎？」

開始時，蘇友並未在意，當岸上的人連問了三次之後，才意識到他是在問自己，便說道：「你問的是哪一位蘇大人啊？」

「是從黃州來的蘇軾大人！」

蘇友連忙回到艙裡，對蘇軾說道：「老爺，岸上有人求見。」

蘇軾覺得奇怪，自己在金陵並無親友，前來求見的會是誰呢？他來到甲板上，見一個十五六歲的少年在向他招手，笑著說道：「我認出來了，先生一定是東坡居士。」

蘇軾聽了，有些好笑，這少年口齒十分伶俐，一會兒稱自己是蘇大人，一會兒叫自己東坡居士！他是誰家的孩子呢？還沒等他開口，那少年已跳到了船上，向他深深施了一禮，說道：「是我家主人讓我來接你的，你的身材、長相也是我家主人告訴我的，連稱呼也是我家主人教我的。」

蘇軾問道：「你是誰？你家主人又是誰？」

少年說道：「我叫王波，是我家主人的書僮，我家主人姓王，字介甫。」

蘇軾一聽，原來是王安石的書僮啊，連忙問道：「王相公在何處？」

王波指著江岸的山坡說道：「我家主人因腿上有頑疾，平時總是以驢代步，因毛驢進城不方便，他只好在謝公墩等著，命我前來迎接先生。」他見蘇軾有些猶豫，又補充了一句：「我家主人已在謝公墩等候先生三天了！」

蘇軾連忙說道：「快，帶我去見他！」

下了船後，蘇軾跟在王波後邊，朝一座山坡跑去。跑到坡下時，遠遠看見一位身著灰布長衫、頭戴一頂竹斗笠、穿著一雙步鞋的清瘦老人騎在一頭小毛驢上，正一顛一顛地從山坡上走下來，當離蘇軾還有十多步的時候，小毛驢停住了，老人問道：「來人可是子瞻嗎？」

蘇軾也認出了王安石，說道：「罪臣前來拜見宰相大人。」

王安石聽了，連連搖手，說道：「子瞻並非罪臣，聽說已改名叫蘇東坡了，此名改的好，定能傳遍天下。老朽亦不是宰輔了，只是一個村野老叟罷了，你還是叫我介甫吧！」說著，跳下驢來，將韁繩交給了王波。

蘇軾看著這位當年呼風喚雨的變法主帥、連皇上也要讓他三分的拗相公，如今竟然是這般模樣了，心中不由一陣悲涼。

也許看出了蘇軾的心事，王安石指著旁邊的一堆廢磚爛瓦說道：「這裡就是東晉大將軍謝安的故宅遺址，當地人稱為『謝公墩』。當年，一邊下棋一邊指揮軍隊作戰的一代英豪，而今也不過如此！」

蘇軾向地上的遺址看了看，點了點頭。

王安石：「子瞻，走，到我的半山園去！」說著，拉著蘇軾的手就向山下走去。

王安石第二次辭去宰相之職，出任江寧太守；第二年又毅然辭了江寧太守之職，被封為舒國公、荊國公，實際上已經退出了政壇、隱居江陵而已。

宋神宗曾賜給他一座頗具規模的府邸，府邸座落在金陵城的白下門外。他覺得自己年事已高，唯一的兒子王雱已經病逝，家人太少，住在那座府邸中不但冷寂，而且也覺浪費，於是將府邸做了佛寺，叫做報寧禪寺，捨施給了僧人，自己和夫人便隱居在鍾山旁邊的半山園裡。

他的半山園建在白塘旁邊，地處金陵城和鍾山之間，園中只有茅舍數間，旁邊栽有幾株山松和梅樹，周圍沒有圍牆，還不及蘇軾在東坡建的「雪堂」，顯得有些寒酸荒涼。二人剛剛走到門前，王安石就大聲喊起來：「夫人，你猜猜看，是誰來了？」

隨著開門之聲，王夫人連忙出來迎接。她笑著說道：「聽說子瞻要來金陵，介甫已備下了今春的陽羨茶，只等子瞻的中江之水了！」她朝門外看了看，問道：「夫人和公子們呢？」

蘇軾連忙將蘇遁剛剛病歿之事告訴了她，她聽了，臉上的笑容一下子凝固了，兩眼也漸漸潮濕了。因為她想起王雱：正當年富力強的王雱步入政壇、要成就一番事業時，一場大病奪去了他的生命！失子之疼令她刻骨銘心，每每想起，總是以淚洗面。當她聽說蘇遁死於來金陵的途中時，只是喃喃地說道：「朝雲和我一樣命苦啊！」

蘇軾勸慰她說：「她和潤之本想前來拜見相公和夫人的，因小兒新喪，不便下船，請夫人鑒諒。」

王夫人以手帕揩著眼淚，點了點頭。

這時，蘇友等人抬來了陶罐。蘇軾指著陶罐說道：「這是三江口的中江之水，請相公作煮茶之用。」

聽說蘇軾送來了中江之水，王安石高興得像個孩子，大聲說道：「好、好，中江之水煮的三月陽羨茶能喝醉人呢！子瞻還記得老朽的愛好，難得、難得！」他指著並不寬敞的茅舍說道：「你我多年未見，今日先飲酒，後品茶，再論詩，不談他事，以免敗了興頭！」

進了茅舍之後，蘇軾有些吃驚，只見書架上除了一些書籍和文稿之外，並無什麼擺設，舍中的家俱也已陳舊，可謂家徒四壁了！當年執掌大宋政治、經濟大權的宰相，竟然落到了這種地步！他心中感到隱隱作痛。兩個性格不同的人，曾經在宦海的漩渦中有過諸多是非和磨擦，今日重會金陵，已都是局外的閒人了。王安石優遊林下，蘇軾乞求退隱田園；王安石以一代才子看待蘇軾，蘇軾則以長輩敬仰王安石，如今二人相聚鍾山茅舍，也許是一種天意？

3

桌上的飯菜依然是王安石多年待客的老習慣：一壺蓮花白，四盤菜，菜是鹽水鴨、燉豆腐、燒鱸魚、炒藕片，吃菜也是老習慣，他只吃他面前的那盤炒藕片，對別的菜餚視而不見！

一壺酒還沒喝完，二人都有些醉意了。蘇軾看到王安石的面頰漸漸紅潤起來，渾濁的眼神也顯得明亮了，笑著說道：「歲月不饒人啊，介甫先生已經醉了！」

王安石搖著頭說道：「當年的冤家對頭今日聚首半山園，為的就是一醉！醉了也不要緊，喝了中江水煮的新茶，就百煩皆無了，哈哈哈……」

坐在旁邊執壺斟酒的王夫人說，自住進了半山園，王安石從來就沒有這麼高興過！他每天騎著一頭小毛驢，讓書僮王波帶上煎餅，在鍾山道上走走停停，不是數落花、尋芳草，就是思往事、吟詩句。餓了，吃煎餅，剩下的煎餅給王波吃，王波吃剩的，再給毛驢吃，不到日落月升就不知道回家。似乎世人已將他忘了，他也忘了世人！

蘇軾聽了，半天無語。自己雖然謫居黃州，不但能與家人廝守在一起，還有眾多友人朝夕相伴，定惠院、臨皋亭、雪堂，裡邊總是洋溢著友人的笑語，東坡上的水稻、小麥，能時時讓他感到田園的樂趣，這樣想來，自己比王安石幸運得多了。當年，他雖然批評過他推行的新法有些過激政策，甚至還當面諷刺過他、故意惹他發火，自己身陷烏臺詩案時，他對自己不但不落井下石，還不計前嫌，向神宗皇

帝上書為自己求情，不愧是坦坦蕩蕩的真君子、光明磊落的偉丈夫！想到這裡時，蘇軾心有愧疚，想向他表達歉意，說道：「介甫先生，有些往事，我想當面向你……」

王安石連忙截住了他的話頭，說道：「子瞻啊，往事宜忘，勿需再提及，你不是寫過『休對故人思故國，宜將新火試新茶』的詩句嗎？老朽今天要讓你嘗嘗用中江之水沖泡的陽羨春茶的味道！」

王波支起了紅泥火爐，王安石用一竹筒將陶罐中的中江水注入瓦壺中。待江水煮沸之後，他輕輕倒進杯中，然後蓋上了碗蓋，笑眯眯地說道：「子瞻啊，不必心急，一會兒就可品嘗了！」說完，閉上了眼睛，一副十分得意的模樣。

蘇軾心想，自己平時也喜愛用上好的泉水或溪水沖泡新茶，但不曾用過中江之水。罐中已不是純粹的中江之水了，他果真能品得出來嗎？

不一會兒，王安石輕輕揭開杯蓋，朝杯中看了看，又聞了聞從杯中冒出來的熱氣，忽然皺起了眉頭，說道：「子瞻啊，這不是汲自中江的江水！」

蘇軾連忙說道：「這是在三江口汲的江水啊，是我親眼看見的！」

王安石說道：「中江之水沖泡的陽羨春茶，茶葉舒展、半懸杯中，茶湯呈淡綠之色。這杯裡的茶葉半徐半展，茶色淺白，故不是中江之水！」

蘇軾聽了，大為驚奇，原來同江之水竟有如此大的差異！於是，他將在三江口汲水的經過說了一遍，王安石聽了，微微一笑，說道：「汲的雖然不是中江之水，但也十分難得了，這杯頭道湯的茶水，請子瞻品嘗。」說完，將茶杯遞給了蘇軾。

蘇軾一面品著茶，一面在想，這位曾經大聲疾呼變法的英雄，怎麼竟消沉成只顧品茶不問天下的一位老叟了呢？他說：「介甫先生，在下想向你請教一事。」

王安石邊品茶邊說道：「請說。」

蘇軾：「朝廷在西北窮兵黷武，在中原大興牢獄，終成敗國之局，這可是前車之鑒啊！大宋自開國以來，太祖以仁厚治理國家，盡得天下人心。可如今，西北連年兵禍，各地又屢屢捕殺生靈，朝中的中堅大臣大都離開了汴京，這並非是個好兆頭啊！介甫先生是神宗皇帝最為器重的頂梁之柱，為什麼不出面進行勸諫呢？」

王安石聽了，收斂了笑容，他說：「子瞻啊，你所說之事，都是呂惠卿所為，也是我看人不准、用人不當留下的後遺之症！」說到這裡時，忽然激動起來，他恨恨地以手掌捶著桌子，不斷地說著：「福建子，這個福建子！」過了一會兒，又長長地嘆了口氣：「不在其位、不謀其政啊，子瞻，請品茶。」

蘇軾十分體諒王安石的悔恨，他說的「福建子」就是呂惠卿，呂惠卿是福建人，當年王安石推行新法時，朝廷成立了三司條例司，他曾推薦章惇為條例司主管，呂惠卿在條例司負責起草文字。王安石凡

有重要章奏都交呂惠卿起草，呂惠卿也鞍前馬後地追隨著他，從此，事無鉅細，王安石皆信任他、依靠他。對王安石的知遇之恩，呂惠卿非但不報，反而認為王安石為相擋了他的仕途。他先利用鄭俠的流民圖陷害過王安石的弟弟王安國，王安國被罷大理寺丞，只好回歸故里。他又使出了一種令人不齒的陰招：出賣了自己的恩師！

王安石因十分相信呂惠卿，曾給他寫過一信，信上有一句「無使上知之」，也就是不讓他告訴神宗皇帝。他不但將這封信密報了宋神宗，還向同僚們公開了信的內容。此招果然靈驗，一下子激怒了神宗皇帝，終於免了王安石的宰相之職！

將心比心，蘇軾十分體諒自己這位當年的政敵。當年的好朋友章惇還不是十分敬重自己？但後來卻與李定等人向自己的背後捅了一刀！

為了不使王安石因往事而傷神，蘇軾轉移了話題，他說道：「在下曾拜讀過介甫先生的〈金陵懷古〉，上闋大筆揮灑，氣象萬千，下闋懷古傷今，一唱三歎，實在是一首金陵絕唱！」說完，他情不自禁地詠唱起來：

登臨送目，正故國晚秋，天氣初肅。千里澄江似練，翠峰如簇。歸帆去棹殘陽裡，背西風，酒旗斜矗。彩舟雲淡，星河鷺起，畫圖難足。

念往昔、繁華競逐。歎門外樓頭，悲恨相繼。千古憑高，對此漫嗟榮辱。六朝舊事如流水，但寒煙、衰草凝綠。至今商女，時時猶唱，〈後庭〉遺曲。

王安石笑著說道：「拙作，見笑了！子瞻謫居黃州四年，倒是作了不少名篇佳作，令老朽羨慕，你的前後〈赤壁賦〉，真乃天下美文！你的詩詞，老朽大都有了收藏。」說著，從書架上取來一本毛邊紙的書冊，打開一看，竟全是抄錄的蘇軾詩詞和文章！

一直沒有說話的王夫人笑著說道：「子瞻未來金陵時，介甫總念叨著子瞻，若子瞻走了之後，他會很掛念的，不如在金陵置一處宅子，再買幾畝地，與介甫為鄰為伴，該有多好！」

蘇軾聽了，也有定居金陵的念頭。

王安石接著說道：「孔子說，『君子合而不同，小人同而不合，子瞻若能定居金陵，也養一頭毛驢，我們騎驢去遊秦淮河、進烏衣巷，尋找王謝故宅的燕子、在毛驢背上談論古今，一定十分有趣。」

在這之前，有人建議蘇軾去儀真定居，有人勸他到金山寺附近買田產，宜興的一位友人已為他物色好了一處田產，盼著他去看了以後早定下來。如今看來，若能終老金陵，也是不錯的選擇。他在半山園住了幾天之後，臨別時，王安石拉著他的手，動情地說道：「今天與子瞻一別，不知何時才能相見，請子瞻為老朽留下一詩，老朽可朝夕吟哦，如見故人。」

蘇軾聽了，連聲應允。他鋪紙揮筆，寫下了一首七絕：

騎驢渺渺入荒陂，想見先生未病時。
勸我試求三畝宅，從公已覺十年遲。

蘇軾離開半山園時，王安石牽著毛驢一直將他送到了江邊。王安石望著一片遠去的孤帆，喃喃說道：「不知再過幾百年才會出現這樣一位人物啊！」

他盼著蘇軾能再來金陵，與自己為鄰為伴，誰知兩年之後，這位名列史冊的老人竟飲恨西歸了！

4

宋神宗元豐八年（1085年）臘月，大雪初晴，兩輛馬車一前一後地沿著驛道從登州向汴京疾馳而去。

蘇軾坐在前面的一輛馬車上。雖然長途跋涉，但蘇軾並無倦意，路旁的雪景已引不起他的興趣，此時此刻他想的是：僅僅九個月的時間，他的仕途幾經變遷，已令他窮於應付，而如今又突然接到詔令，命他以禮部郎中前往汴京赴任。

原來，他與王安石分手後，便應蔣士奇之約去了常州的宜興。蔣士奇與蘇軾是同榜進士，二人在赴瓊林苑參加新科進士宴時相識。蔣士奇曾向他說過宜興的陽羨不但風光綺麗，而且是魚米之鄉。二人曾在席上約定，將來退休之後便去陽羨居住。誰知他在途中竟遇到了蔣士奇，又談及了二十年前的那個舊約，於是決定去陽羨置宅買田。他還向朝廷寫了一份「乞求常州居住表」，不久卻接到了宋神宗的詔書：恩准蘇軾居住常州！

蘇軾十分高興，因為自此之後就不再像無根的浮萍飄泊不定了，自己終於可在江南定居下來了！

令他沒有想到的是，這竟是病中的宋神宗向他頒發的最後一道詔書！

這位敢作敢為、立志革新的年輕皇帝已於三月五日駕崩於汴京，享年只有三十八歲！

宋神宗的駕崩令大宋的執政中樞發生了巨大變化，也波及了蘇軾。

國不可一日無君。十歲的皇太子赴熙即位，是為哲宗，因哲宗還是個娃娃，不能親政，由皇祖母太皇太后高氏垂簾攝政，被尊為宣仁太后。宣仁太后立即著手起用因反對新法而貶謫在外的舊臣，她首先將呂公著詔為尚書左丞，又詔司馬光為門下侍郎，他們二人又都推薦蘇軾入朝。因宣仁太后心中惦記著宋神宗要起用蘇軾的遺願，五月即下詔書：蘇軾授朝奉郎，進京任職！

按照大宋對官員的任用制度，因責降職的官員必須一步一步起用，爾後才能授於實職。到了六月，又向蘇軾下詔：以朝奉郎起知登州！於是蘇軾馬不停蹄地趕到了登州。

到了登州，一家人還沒有完全安頓下來，第五天一大早，朝廷的詔書又飛馬送來：蘇軾為禮部郎中！

變化實在是太快了，快得令他來不及做出反應就又要啟程另赴新任。這種仕途遷升是人生的春風得意，還是潛藏著難以捉摸的危險？他曾反覆想過，但一直未想明白。不過，令他欣喜的是，他到登州的第三天去祭海神廟時，竟然看到了可遇而不可求的海上奇觀：海市蜃

樓。在浩瀚無際的海面上，忽然出現了一片富麗堂皇的宮殿，宮殿一座連著一座，城闕高聳、玉輦緩緩而行、人物衣袂飄飄宛若僊人，令他目不暇接。當他再想仔細看時，一陣海風拂過，海上樓宇人物悄然而去，眼前仍是一片長空碧海！這種神奇的景象，當地人稱之為海市蜃樓，多發於春夏二季，在冬季絕少出現！自己能親眼看到這種海上奇觀，是一種眼福！於是回去後還寫了一首長詩〈登州海市〉。

縱然「海市蜃樓」令人陶醉，但詔書催人，他不得不把剛剛解開的行李又重新打好，離開登州，風塵僕僕地趕往汴京。

馬車路過齊國古城臨淄時，正逢大雪紛飛，馬車在盈尺的積雪中緩緩而行。在一座半坍的破廟旁邊，蘇軾看到一個黑乎乎的人影半埋在雪中。停車一看，原來是個十五六歲的少年躺在那裡，他頭上、身上全是積雪，臉上已經凍傷。蘇友和蘇迨連忙跳下車去扶他，發現他已被凍僵了！蘇軾將他放在車上，給他披上了一件厚厚的棉被。當路過一家燒餅鋪時，讓他在爐邊烤了一會兒，又為他餵了一大碗熱粥，少年才緩過氣來。他說他叫高球，是青州人，因青州遭受水災，他隨父親外出逃荒時，父親病死，他一人流浪到了臨淄，因又冷又餓，才昏倒在破廟旁邊。

蘇軾將蘇友、蘇迨的幾件衣服送給了他，還給他買了些燒餅，又重新上路了。

誰知又走了一段路後，高球冒著大雪從後邊拼命追上來了。他哭著對蘇軾說道：「請老爺收下我吧，我當牛當馬也報答不了老爺的大恩大德！」

蘇軾十分可憐這個少年，但還有些猶豫。這時，坐在後邊車上的王朝雲大聲說道：「我和夫人商量過了，反正家裡也缺人手，老爺就收下他吧！」

蘇友、蘇過等人也都同意收下高球。

蘇軾笑著對高球說道：「上車吧！」

高球連忙在雪地裡叩了個頭，蘇友一把將他拉到了車上。

蘇軾看到他的臉色雖然因飢餓所致顯黃菜色，但眉清目秀，便讓他坐在自己身邊，問他：「你讀過書嗎？」

高球：「回主人，高球讀過三年塾館。」

蘇軾：「高球這個名字，是誰給你起的？」

高球：「是我舅舅。」

蘇軾：「球，是供人踢的，不好聽，改成『俅』字吧！『俅』是恭敬的意思，怎麼樣？」

高球連忙說道：「多謝老爺為我改名。」

就這樣，雪地裡待斃的少年高球成了蘇家小童高俅，隨蘇軾一起回到了汴京。

到了汴京之後，蘇軾見他機靈好學，便讓他替自己裁紙、硯墨、洗筆，成了自己的一個書僮。

因為他天資聰明，又十分勤奮，蘇軾十分喜歡他，還教他書法、丹青，他長進頗快。蘇軾還常常帶他去宮中觀看踢球比賽。

踢球，興於戰國時期，漢、唐開始流行。

到了宋代，踢球之風大盛，宮廷中有專職官員。比賽時雙方各有八人，球網設在半空中，稱為「風流眼」，以踢進網中球數決定勝敗。

就是這個半路上撿來的高俅，因為運氣好、還能踢一腳好球，後來被超級球迷端王趙佶看中，留在了身邊，一個月後趙佶成了宋徽宗，高俅也跟著發跡了！

至於他如何成了不可一世的高太尉，他的兒子高衙內又如何搶了林沖的夫人，逼得林沖火燒山神廟、夜奔梁山等，與蘇軾毫無關係，也與史學家無關。有人說，大約高俅當年得罪了施氏的先人，於是，施耐庵便在《水滸傳》裡對他實施報復，將他寫成了一個十惡不赦的大壞蛋！——這是書外的話。

5

經過十多天的奔波，蘇軾一行人進了汴京北門時已是戌時了。只見城裡已是萬家燈火，將長街映成了璀璨的河流；長街兩旁的店鋪人頭攢動，生意興旺；汴河兩旁酒樓林立，樓上不斷傳出粗野的猜拳行令聲和歌女們的委婉歌聲。

當馬車走到一家名叫「東來順」的客棧時，店小二連忙攔住了馬頭，熱情地對蘇友說道：「大爺，本店房好價廉、飯菜實惠，還免費餵馬看車，請大爺們光臨！」

　　蘇友望了望這家客棧，悄聲問道：「老爺，我們今晚歇哪裡？」

　　蘇軾一下子被問住了，是啊，今晚歇哪裡呢？京城的老宅去黃州時已賣給了別人，賣的錢已補貼了家用；蘇轍因貶出了京城、去了筠州，好友王鞏去了賓州，王詵被貶往穎州，黃庭堅、張耒、秦觀、晁補之、曾鞏等人都已離開了汴京。今日重返故地，卻分明感到十分陌生，偌大的一座汴京城竟然一時找不到可落腳的地方！他說道：「先找家乾淨的旅店住下，明天再去租宅子。」

　　蘇友有些為難，說道：「請老爺和夫人去客棧歇息，我等就留在車上過夜，以便看守行李。」

　　蘇軾知道他想節省住店的費用。一家二十餘口，需多少客房？這可是一筆不小的開支呢！

　　就在這時，一位中年男子走到馬車旁邊，問道：「請問，這兩輛馬車是從哪裡來的？」

　　蘇友答道：「是從登州來的。」

　　中年男子又問：「你家主人可是登州太守蘇軾大人？」

　　蘇友：「是啊，請問你是誰？」

中年男子連忙施禮，說道：「在下司馬弘，是司馬相公的管家，奉司馬大人之命前來迎接蘇大人，請問蘇大人在車上嗎？」

蘇軾聽了，連忙跳下車來，說道：「在下就是蘇軾。」

司馬弘朝他端詳了一會兒，笑著說道：「因司馬相公腿疾復發，行動不便，特遣小人在城門迎候大人，請蘇大人隨在下去白家巷吧！」

到白家巷做什麼？蘇軾剛要問他，這位頗為老成的管家解釋說，司馬光已接到了登州府快報，知道蘇軾已從登州啟程，他也知道蘇軾在汴京已無房產，便將自己在白家巷的一處宅院騰了出來，並命人打掃乾淨，以供蘇軾一家居住。

蘇軾十分感激這位性格倔強而又剛直的朝中重臣。

司馬光因反對王安石的變法而被擠出了京城，隱居洛陽，潛心撰寫《資治通鑒》，不問政事。王安石罷相後，司馬光起用為門下侍郎，雖然主持政務、日夜操勞，但還想到安排蘇軾的住處！這是長輩對晚輩的一種關切。

就在他和司馬弘說話之際，蘇軾忽然聽見前面傳來一陣鑼聲，接著看到一行差役舉著「迴避、肅靜」的告牌，浩浩蕩蕩地朝他走來。當走到蘇軾跟前時，一乘四人紫轎停下來，一位身穿緋色官服的官員下了轎子，因蘇軾眼疾未癒、視力不濟，加之夜色很濃，一時看不清他的模樣，只看到一對大紅燈籠上寫著一個「章」字，他立馬就明白了，原來來人就是執掌朝廷實權的知樞密院事章惇！

章惇比當年發福多了，身上的官服顯得有些緊巴，不過還是當年風風火火的樣子。他大步走到蘇軾跟前，笑著說道：「我聽李定大人說，子瞻老弟今天抵達汴京，老哥剛從宮中回來，就急忙前來接你，來遲了些，請子瞻鑒諒。」

　　李定？他是怎麼知道我已抵達汴京的？這次進京，我可是誰也沒告訴啊！看來，他可是無孔不入、無處不在啊！蘇軾不由地打了個冷顫。

　　章惇：「李定大人非常敬佩子瞻，還設了家宴要為你接風呢！我告訴他，今晚子瞻入住我家，由我設宴為他接風，讓他改日再請。」說完，拉著蘇軾的手，笑著說道：「我已為老弟一家安排了一處住宅，就在我家的後院，今晚，我倆可要喝個痛快，還像當年夜宿破寺，醉了就抵足而眠，豈不快哉！」

　　提起那次出遊，蘇軾至今記憶猶新，就是因為那次出遊，才得出「子厚他日必能殺人」的判斷。自己遭受李定、舒亶、張璪等人的殘酷迫害，雖不是他親自所為，但他也難脫關係，因為他們不是經他引薦的，就是他的門生！

　　畢竟是多年不見的「老朋友」，二人站在那裡說著，笑著。其實，蘇軾心裡十分為難。司馬光已為自己在白家巷安排了住處，他也想入住白家巷，一是看望這位政壇前輩，二是自己遠離朝廷已多年，想聽聽他對朝政的一些看法，不想章惇卻親自來了！若隨章惇去了，怎麼對得起司馬光的一片熱心？再說，自己再也不願與章惇「抵足而眠」了！但如何才能謝絕他呢？

坐在第二輛馬車上的王潤之看見蘇軾正在和一位官員說話，便悄悄問王朝雲：「那位大人是誰？」

王朝雲過去也沒見過章惇，只是聽女僕們說過章惇的長相，她們還說，當年王夫人曾告誡過蘇軾，此人心術不正！這時，她忽然看到轎前的燈籠上寫著一個大大的「章」字，心裡頓時明白了，說道：「那人定是章惇！」

王潤之問：「你是怎麼知道的？」

王朝雲：「夫人，你看他的臉，上窄下寬，像不像個大葫蘆？」

王潤之借著燈籠的光亮，果然看到了一張葫蘆臉！一聽說章惇的名字，她一下子就想起了烏臺詩案，恨恨地說道：「告訴老爺，我們絕不去他家！」

王朝雲朝蘇迨和蘇過施了個眼神，三人便悄悄下了馬車，進了客棧。

章惇的談興正濃，他剛剛說起自家新建的宅子時，女僕走到蘇軾跟前，說道：「老爺，兩位夫人和公子們已經在客棧中睡下了，大夫人在客房裡嘔吐不止，請老爺——」

蘇軾聽了，連忙說道：「哎呀呀，我還忘了這件事呢，潤之因在途中偶感風寒，身體不適，既然他們已住進了客棧，今晚就不去貴府打擾了。」

章惇說道：「我還沒看到兩位弟妹呢！」

蘇軾連忙說道：「朝雲因愛子剛剛夭折，傷心欲絕，不便見人，待安頓下來之後，我一定攜她們前往貴府拜見大人和夫人，天色已晚，請子厚兄回府吧！」

章惇本想在司馬光前面攔住蘇軾、與其結成盟友，共同抗衡垂簾攝政的宣仁太后和司馬光，所以才想將他接到自己的府邸居住，見蘇軾的內眷已住進了客棧，只好與蘇軾告辭，上轎回府了！

章惇的轎子走了一會兒，忽又轉了回來，低聲對蘇軾說道：「子瞻老弟，我還要告訴你一件喜事。」

蘇軾：「喜事？什麼喜事？」

章惇悄聲說道：「就在你來京的途中，朝廷已詔授你為中書舍人了！」

蘇軾聽了，不大相信，自己剛剛詔為禮部侍郎，官階六品，還未到任，怎麼會越過五品一下子擢升中書舍人呢？再說，中書舍人是皇帝信賴的近臣，作為一個貶謫之臣，這一官職他連想都不敢想！

章惇臨走時朝他笑了笑，那種笑容，令他捉摸不透。

夜已深了，蘇軾站在汴河橋邊望著城闕上那些多於繁星的燈光，燈光閃爍不定，有些詭異，也有些撲朔迷離。他從迷眼的燈光中似乎看到了刀光劍影！

第二十一章

為了看到君王的模樣，舉子竟成了和尚

1

上任的第一天，蘇軾就遇到了一個無法迴避的難題。

早朝時，群臣們剛剛在崇政殿裡列班站好，宣仁太后便牽著哲宗皇帝的小手進了大殿。群臣們山呼萬歲之後，宣仁太后將小皇帝抱在龍椅上，自己站在龍案一側，等候大臣們出班奏事。

殿前內侍大聲說道：「各位大臣聽著，早朝奏事開始，有事要奏者，可出班奏事。」

他的話剛剛落地，滿頭白髮的司馬光拄著一根棗木手杖，巍巍顫顫地走到殿前，拜過小皇帝和宣仁太后之後，站起來說道：「臣以為，王安石大人執政時推行的新法、尤其是免役諸法實在是誤國害民之法，應予廢除，並立即恢復舊法！」

大臣們聽了，都感到十分突然，紛紛低聲議論起來，但沒有人站出來附議或表示反對，大殿裡的空氣一下子緊張起來了。蘇軾雖然並不贊同王安石推行的新法，但又認為有些新法頗受百姓們的歡迎；再說，新法已推行了多年，若要廢除新法，應循序漸行，不然廢除了新法而舊法未立，必會引起不安。

他剛想出班發表自己的觀點時，已授為右司諫的蘇轍已經出班，他說道：「臣雖不贊成王安石大人的新法，但他的免役法比舊的差役法有五大好處，臣已呈上了〈差役五事論〉，請司馬大人──」

沒等他說完，司馬光就打斷了他的話，他說道：「我曾在前日的

朝會上當著太后、陛下和諸位大臣的面陳述了免役法的五大害處，你難道忘了嗎？還有，因為反對王安石大人推行的新法，多少正直之士遭受到排擠？蘇軾還因此而身陷烏臺大牢，難道你也忘了嗎？」

因剛入朝，蘇軾本想冷靜地觀察一下朝廷的政情，儘量少露面少說話，但聽了司馬光慷慨激昂的一席話之後，覺得再也不能沉默了。他連忙出班奏道：「臣認為，王安石大人推行的新法雖有眾多弊端，但也並非一無是處。新法之所以不得人心、遭人詬病，並非在新法，而是推行新法之人。他任人失察，而地方郡縣官吏又行變法之名謀私家之利，官吏與豪紳聯手豪取巧奪，致使百姓陷於水深火熱之中。臣以為，新法雖應廢除，但不可矯枉過正，有利於民的新法應予繼續實行。」他見宣仁太后正在認真聽自己的陳述，接著說道：「臣還以為，王安石大人推行的新法是經先帝恩准的，他忠心耿耿、不謀私利，他的人品雖有微疵，但終不失玉質。」

大臣們被蘇軾的膽量和見解所折服，都不由自主地將目光轉到了司馬光的身上。

司馬光是位比拗相公王安石還要倔強的宰相，他雷厲風行、說做就做，絕不拖泥帶水，人人都畏他三分。而蘇軾卻敢當面對他指責，他能不氣惱嗎？果然，他用手杖敲了敲大殿地上的青磚，說道：「蘇軾啊蘇軾，當年御史們還不是以『訕謗朝廷』、『反對新法』為由，先將你投入大牢、後將你貶謫黃州嗎？而今要恢復舊法，你為何又護著王安石呢？難道是好了傷疤忘了痛嗎？真不知道你是怎麼想的！」

蘇軾：「縱觀青史，凡利國惠民的執政之道，皆符國情、民情。

新法之失，一是任人不當，二是操之過急，三是拒聽人言，這是新法的致命之傷！不過，有些新法應予保留，下官在密州時曾推行過免役之法，用朝廷的寬餘之錢招募民役，百姓受益、市井平安，所以，下官認為——」

司馬光冷著臉說道：「你蘇軾怎麼成了第二個王安石了呢？」

蘇軾：「下官曾在金陵拜訪過王安石大人，他亦察覺到了推行新法的失誤之處。下官還以為，為振興大宋社稷，應繼承仁宗皇帝的忠厚之德、神宗皇帝的勵精之政，以大局為重，萬萬不可計較個人恩怨。」

司馬光實在忍無可忍了，他當著宣仁太后和哲宗皇帝的面，大聲說道：「既然本相執政，則盡廢新法、皆行舊法，方略已定，此事不必再議了！」

看到二人誰也不讓誰的架勢，再也沒有人出班奏事了。

章惇、李定等人看到司馬光被蘇軾激怒了，心中竊喜。因為二虎相鬥，必有一傷！他們在悄悄等待著機會。

散朝後，出了大殿，大臣們三三兩兩地議論起來，有的說：蘇軾剛剛入朝就與司馬相公頂起來，準沒有好果子吃！

還有的說：蘇軾不計前嫌，以德報怨，有君子之風，令人敬佩！

還有的說：退一步海闊天空嘛，蘇軾何必那麼較真呢？

蘇軾邊走邊聽，一臉的無奈和苦笑。

2

當天晚上，蘇軾想起了白天與司馬光的交鋒，心裡窩了一肚子火。飯後，他一面在院子裡散步，一面咕嘀著：「司馬牛，司馬牛！」

女眷們都坐在院子裡閒聊，見他悶悶不樂、低著頭在院子裡走來走去，知道他心中有事，但都不敢問他。

也許身上燥熱，他解開上衣的衣扣，拍著有些發福的肚子問道：「你們猜猜看，我的肚子裡裝著什麼？」

侍女春娘說道：「老爺肚子裡裝的，盡是一些錦繡文章。」

蘇軾聽了，搖了搖頭。

侍女碧桃說道：「老爺肚子裡裝的，全是治國安民的方略良策。」

蘇軾聽了，又搖了搖頭。

侍女柳葉說：「老爺肚子裡，裝著一肚子好聽的故事。」

蘇軾仍然搖頭。

王潤之指著他的肚子，笑著說道：「老爺吃肉吃多了，裝了一肚子的肥腸！」

蘇軾說：「更不對！」

這時，坐在旁邊默默做女紅的王朝雲說道：「賤妾知道裝著什麼。」

蘇軾：「說說看，我的肚子到底裝著什麼？」

王朝雲：「老爺肚子裡裝著的，是滿肚子的不合時宜！」

蘇軾聽了，大為驚奇，因為『不合時宜』這句話出自《漢書‧哀帝記》：「皆違經背古，不合時宜。」不合時宜即是不合當時的需要或與世情不相投合。她未讀過《漢書》，怎麼會說出這句話呢？他大聲說道：「知我者，王朝雲也！」說完哈哈大笑起來。

也就在蘇軾罵「司馬牛」的時候，司馬光正在書房裡閱覽文武大臣呈來的奏章文書，蘇軾的一份〈奏免辭章〉要求辭去現任諸職，出京任職。看完後，他提起筆來，在奏章上寫下了一行字：「擬薦蘇軾為翰林學士知制誥，請太皇太后詔准。」

第二天，宣仁太后就在上面用朱砂御筆批了「詔准」二字，又命內侍令送去三品紫服一套、玉帶一條、五梁冠一頂、金魚袋一個、御馬房的御馬一匹、鍍金馬靴一雙、鍍金馬鐙一副！

當年王安石推行新法時急於求成，留下了一些遺患，而司馬光恢復舊法更是雷厲風行。他先對人事進行了大刀闊斧的調整，緊接著宣佈廢止了保甲法、方田法、市易法、保馬法和青苗法，引起了章惇等人的強烈抵制。因王珪已經去世，司馬光是門下侍郎，章惇是知樞密院事，二人同朝為官執政，卻到了水火不容的地步。司馬光性格固執、堅持己見，而章惇秉性好勝、狂妄自大，二人誰也不肯讓誰。每

每發生爭執，因司馬光年事已高且又不善言辭，而章惇身材高大，加之口齒鋒利、氣勢咄咄逼人，弄得司馬光總是處於劣勢，他又氣又惱，卻又無能為力！蘇軾曾挺身而出從中做過調解，卻兩邊都不討好，雙方仍然冷若冰霜。

不過，朝廷裡發生了一件事，不但激怒了宣仁太后，也引起了群臣們的不滿。

章惇認為，官員們的任命應由宰相審核，不應由太后任命。他還在大殿上大聲咆哮，不但把矛頭直指宣仁太后，而且言辭不恭、十分狂妄，還說什麼「它日安能奉陪吃劍」！

宣仁太后想起了章惇等人當年把持朝政，挑起西北戰事，教唆神宗皇帝貿然出兵，結果西征失利、宋軍大敗，神宗因此鬱鬱成疾而崩，心中既悲又恨。她實在忍無可忍時，適逢劉摯彈劾「章惇佻薄險悍，陷事王安石，以邊事欺罔朝廷，再附呂惠卿，又為蔡確所引，橫議害政，請除惡務盡」！結果，章惇被宣仁太后謫往了汝州！

接著蘇軾上書，淋漓盡致地歷數了呂惠卿的種種罪惡，寫得大快人心，竟在天下傳頌。於是，呂惠卿降為建寧軍節度副使，建州安置。

蘇轍等一些諫官又一鼓作氣，彈劾張璪「天資邪妄，易以為奸，宜除去」；又彈劾李定身為侍從，母喪不報、有失人倫，謫放滁州；舒亶、何正臣行為不端，亦遭到了嚴厲斥責、受到了懲處。

章惇離開汴京時，竟沒有一人為他送行！

蘇軾是個十分看重情誼的人，他在自己家中置辦了一桌酒席，專為他出京餞行。

也許是多喝了幾杯悶酒，章惇的葫蘆臉上滿是汗珠，他用衣袖擦了擦，說道：「老哥與子瞻情同手足，今日一別，尚不知何日才能重逢。」說著，眼圈已經紅了。也許是酒後吐真言，他繼續說道：「當年，李定、舒亶、張璪等人嫉妒你的才華，也怪你得罪了他們，所以才將你弄進了烏臺大牢，老哥曾為你打抱過不平，不但在神宗面前為你求過情，還當著大家的面罵過王珪！而你卻信不過老哥，甚至怨老哥將呂惠卿引為知制、操政欺君，令老哥寒心啊！」

蘇軾剛要向他解釋，他搖了搖手，嘆了口氣，說道：「老哥離開汴京倒無所謂，唯擔心兩個犬子的學業。」

蘇軾連忙說道：「讓章公子與我的過兒一起讀書，你覺得如何？」

章惇聽了，頗為感動，竟哽咽著流下了兩行清淚。他端起杯子，大聲說道：「老哥替犬子敬子瞻老弟一杯！」說完，一飲而盡。

臨別時，他向蘇軾深施一禮：「只要老哥不客死汝州，就一定能回來。若能回來，就決饒不了那個老匹夫！他就是進了墳墓，也要將他掘出來示眾！」他咬著牙著說道：「這就叫無毒不丈夫！」

他說的老匹夫，就是司馬光。

他口口聲聲稱自己是老哥，稱蘇軾是老弟，蘇軾頗為感動。

蘇軾雖知道這位老哥敢殺人，但絕不會想到，這位老哥也敢殺他這位老弟！

3

第二天，蘇軾聽說王詵已召回汴京，官覆文州團練使、駙馬都尉，心中十分激動，連忙寫了一篇〈黃泥阪詞〉，打發書僮高俅送到了西園。

一想起王詵，蘇軾就覺得自己欠他的太多了，在烏臺詩案受到連累的朋友中，遭到懲處和傷害最大的就是王詵。他連降兩官、停發俸祿，並被貶出了京城，他的一子一女也先後夭折！更令他傷心欲絕的是，善良賢慧的魏國大長公主也因悲傷過度而撒手人世。

還有一件事，令王詵不堪回首。他在貶謫途中路過密縣時，忽然聽見有位女子在樓上唱歌，仔細一聽，這不是自己的愛妾囀春鶯嗎？她怎麼到了密縣？因差役們催著快走，他只好繼續趕路。原來，他獲罪之後，囀春鶯被一姓馬的商人奪走了！他想起了唐代詩人韓翃的悲慘故事，不禁潸然淚下，寫了一首詩：

佳人已屬沙吒利，義士今無古押衙。
回首音塵兩沉絕，春鶯休囀上林花。

王詵回到汴京後，他的西園已物是人非了，獨對淒涼，令人同情。王詵善長描繪山水，當年曾作了一幅〈漁村小雪圖〉，請蘇軾在畫上題跋。蘇軾看了以後，大為讚賞，認為此畫是詩畫一體，詩中有畫、畫中有詩，十分難得，便在畫上題寫了一首長詩。

他十分懷念當年的西園，因為那是京城文友們談詩論畫的地方。元祐二年（1087年）五月，王詵邀集了蘇氏兄弟、米芾、李龍眠，蘇門四學士黃庭堅、張耒、晁補之、秦觀以及陳師道、佛印、李端叔等一共十六人相聚西園。女主人、端莊嫻淑的魏國大長公主親自出來迎接客人，並執壺為客人們斟酒。王詵畫石，蘇軾畫竹，李龍眠畫人，米芾畫松，黃庭堅、蘇轍等人作詩；王詵的寵姬囀春鶯美豔絕代，是京城絕無僅有的國色，她在園中起舞助興，歌甜酒烈，更為西園平添了幾分詩情畫意。李龍眠將這次集會畫成了一幅〈西園雅集圖〉，米芾還在上面寫了題記。

此事在當時被傳為文壇佳話，那幅〈西園雅集圖〉畫完之後，有人曾經斷言：此畫應是傳世之作。此語不虛，這幅已經流傳千年的作品真的成為了中國藝術殿堂的無價瑰寶。

蘇軾很想安慰這位患難之交的摯友，若能將當初的那些文朋詩友再次邀集到西園，還如當年那樣，大家品茗飲酒、談詩論畫，不但可敘別後的經歷，還可安慰悲傷中的王詵。想到這裡，他立刻向當年的朋友們寫信，邀請大家重聚西園。

誰知寫好的信還沒發出去，高俅就回來了，他向蘇軾報告說，王駙馬請蘇軾於次日前往西園小聚。

蘇軾聽了，覺得王詵想得比自己更周到，便連忙答應了。

高俅在旁邊說道：「王駙馬真好，還賞給我一個佛手呢！」他將佛手放在蘇軾的書案上，又說：「王駙馬的西園可真大啊，只是有些──」

蘇軾笑著問道：「是不是有些陳舊、荒廢啊？」

高俅點了點頭。

蘇軾：「明天你隨我一道去西園吧！」

高俅聽了，十分高興。

第二天，蘇軾領著高俅如約到了西園。剛進園門，發現除了佛印之外，大家都已早早的來了。客人們剛剛入席，就見佛印從一座假山後邊走出來，笑咪咪坐在了蘇軾旁邊。

蘇軾笑著說道：「我是不是上輩欠了你的債呀，要不為什麼總躲不開你呢？」

佛印一本正經地說道：「你蘇東坡欠的那筆債，一輩子都還不清！」

大家聽了，都禁不住大笑起來。原來，佛印當年出家為僧，與蘇軾的惡作劇有關。

佛印姓謝，名瑞卿，字覺志，是江西饒州人。他年輕時進京應試，認識了蘇軾，二人當時正值青春年華，且都才學不凡，日子久了便成了莫逆之交。

蘇軾發現，謝瑞卿長得慈眉善眼，加之雙耳比常人下垂二寸，有釋迦牟尼之態，曾開玩笑說：「謝兄若肯出家，定會是一代名僧大德！」

謝瑞卿說：「我才不當和尚呢！和尚既不能吃肉，也不許喝酒，過的不是日子！」

有一天，謝瑞卿問蘇軾：「神宗皇帝長的什麼模樣？」

蘇軾便向他講述了神宗皇帝長得如何英俊瀟灑、氣質如何不同於常人等，這引起謝瑞卿的好奇。

有一年大旱，宋神宗在大相國寺設齋，廣徵名僧，乞求甘霖。蘇軾當時任求雨隨從，他知道謝瑞卿很想看看天子的御容，便出了個餿主意，讓他扮成長老的侍者，混在僧人之中到齋壇承值，即可見到神宗皇帝了。

起齋那天，謝瑞卿早早地進了大雄寶殿，混在眾僧人中添香剪燭。不一會兒，神宗皇帝在長老的陪同下進了大雄寶殿，焚香禮拜之後，傳旨獻茶。謝瑞卿捧著一隻玉盤，盤中有一羊脂玉盞，恭恭敬敬地走到神宗面前，向他獻茶。

宋神宗接過玉盞，端詳著眼前的這位年輕侍者，問道：「你叫什麼名字？哪裡人氏？」

謝瑞卿連忙答道：「小僧謝瑞卿，饒州人氏。」

宋神宗：「你何時出的家？」

謝瑞卿：「小僧剛剛進寺不久，尚未剃度。」

宋神宗又問：「你讀過佛家的經典嗎？」

謝瑞卿：「小僧自幼讀佛經，《黃庭經》、《金剛經》都能背誦出來。」

宋神宗聽了，十分高興，說道：「既然你已入寺為僧，朕賜你一個法名，叫了之，號為佛印，你可願意？」

立在一旁的長老連忙說道：「聖上賜名號是你終生榮耀，還不趕快謝恩！」

謝瑞卿聽了，連忙隨著長老叩拜謝恩。

宋神宗對長老說道：「既然佛印已經出家，那就在朕的面前剃度了吧！」

此時此刻，即使謝瑞卿有一百個不願意，也不敢說半個不字！若神宗皇帝知道他是個冒充的侍者、假和尚，不但他犯下了欺君大罪，他的好朋友蘇軾也會吃不了兜著走！於是，便咬著牙讓和尚們剃光了他的一頭又黑又濃的長髮！

假戲真做，弄巧成拙。進京應試的謝瑞卿，就是這樣陰差陽錯地變成了佛印和尚！

不過，佛印也因由天子賜名、又是在天子面前剃度出家的，自此名聲大噪。他生性坦蕩直率，一直不肯受佛家清規戒律的束縛，肉照吃，酒照喝，雲遊天下，天馬行空，倒也樂在其中。他說蘇軾一輩子都還不清他的債，就是怨恨蘇軾當年糊弄他當了和尚。

4

王詵見除了李端叔之外，大家都到齊了，笑著說道：「在下劫後餘生，志同道合的朋友再聚西園實在難得，請諸位還像當年聚會那樣，共繪一畫，詩家們在畫上可題一詩，以記今日盛會，不知諸位意下如何？」

眾人聽了，一齊鼓起掌來。

寬大的畫案上鋪開了宣紙，王詵在上面畫了一塊岩石，旁有潺潺流水；李龍眠的筆下有人臨風而立，正在彈撥古琴；米芾在一棵松下畫了一叢蘭草；蘇軾則畫了一蓬修竹。

蘇軾剛剛畫完，見米芾在水池邊擦洗一方硯臺，他洗得非常認真，洗一會兒，揩乾後再洗一遍。蘇軾悄悄笑起來了。

蘇軾和米芾都是京城最負盛名的書畫家，米芾少時即學顏字，十幾歲時便出了碑版。他擅長行、草、篆、隸等體書法，在宣和年間被推為書畫博士，號襄陽曼士，也有人稱他為米南宮。他曾書寫過一幅〈天問〉的長卷，蘇軾讓他割愛送給自己，他沒答應，蘇軾一直沒有死心。

蘇軾走到條案旁邊，將一個白絹小包放在案上，對他說道：「米老弟，你猜猜我給你帶來了什麼？」

米芾搖了搖頭。

蘇軾笑著解開了白絹小包，原來裡邊包著一方墨綠色的硯臺！他指著硯臺說道：「我知道你家藏有數百方名硯，但卻沒有海底玉硯臺！」接著他介紹了這方硯臺的來歷。

當年他在密州任太守時，曾為東海的一位友人寫了一幅中堂。為了表示感謝，友人便將這方海底玉硯臺送給了他，並告訴他說，海底玉產於嶗山海中，需潛入海底方能採得少許，因而傳世極少。

米芾接過硯臺端詳了一會兒，見石質細微、潤滑如脂、墨中透綠，十分喜愛，捧在手中捨不得放下。

蘇軾見了，想起了一個有關硯臺的往事，便說給大家聽。

米芾愛硯如命，凡他見到的好硯，不惜千金也要買下。不過，他又有潔癖，每當用過硯臺，必定要在池邊一遍一遍地洗刷，不洗得乾乾淨淨不裝於匣中、也不置於書架上。不過，他也因這種潔癖失去了一方名硯。

有一天，他在大相國寺的廟會上見到有人在賣硯臺，賣硯人共有十多方硯臺，每方要價一百金，其中有一方石質上乘、雕刻精細的古硯被他看中了，賣硯人要價五百金，他毫不豫地買了下來。

曾祖是蘇軾的一位朋友，也頗愛收藏古硯。聽說米芾得到了一方古硯，心中十分羨慕。蘇軾問他：「想不想讓書畫博士將此硯送給你呀？」

曾祖說：「米芾把古硯看得比命還貴重，他怎麼會捨得送給我呢？」

蘇軾聽了，悄悄對他說了一會兒，曾祖會意，便去米府看硯。

聽說曾祖要看他新買的古硯，米芾十分得意，他讓曾祖洗過手之後，才將古硯遞給他。

曾祖看了一會兒，說道：「此硯石質雖是上乘，但不知發墨如何？」

米芾說：「我得了這方古硯之後，曾請不少行家做過鑒定，都說是世上珍品。如若不信，用清水一試就知道了！」說完，便去灶房取清水去了。

曾祖手裡捧著古硯，端詳著硯臺的紋理，沒等米芾取來清水，便朝古硯上吐了一點口水，以檢驗古硯的發墨情況。誰知米芾取水回來時看到了，他大聲說道：「啊呀呀，你怎麼能用口水弄髒我的硯臺呢？」

曾祖見他生氣了，又連忙用衣袖去擦。米芾見了，更加氣惱，他說：「完了、完了，這方古硯被你弄髒了，我再也不要了，你拿去吧！」

曾祖以為他是說的氣話，過些日子也就不再計較了，自己可以再來還他，於是，拿著古硯走了。

一個月後，曾祖去還古硯時，米芾認為古硯已被弄髒，無論如何都不肯要了。

曾祖終於用了一點口水，得到了一方上好的古硯！

大家聽了，都忍不住大笑起來。

蘇軾指著海底玉硯臺說道：「這方硯臺，我總是以白絹包著，沒敢用手摸過，我用它換你的那副〈天問〉長卷，你可願意？」

米芾聽了，見大家都爭著想看這方海底玉硯臺，便連忙將硯臺揣進懷裡，笑著說道：「明天我讓小童將長卷送到你府上！」

這時，陳慥忽然風風火火地闖了進來，他徑直走到了蘇軾跟前，鐵青著臉說道：「蘇大人，這次朝廷科考，你可是主考官？」

蘇軾見陳慥突然來了，便問道：「陳老弟是何時進京的？怎麼也不提前告知一聲啊！」

陳慥鼻子不是鼻子臉不是臉地問道：「你先告訴我，今年科考，你是不是主考官？」

蘇軾：「對啊，我是主考官呀。」

陳慥：「我再問你，章惇害你不淺、舒亶想在烏臺大牢裡置你於死地，對吧？」

蘇軾點了點頭。

陳慥：「你為什麼還將章惇的兩個兒子點了第一、第二名，將舒亶的兒子點了第三名？」他頓了頓又說：「你的學生李端叔，人品學問都不亞於他們，為什麼名落孫山？你於心何忍？」

蘇軾笑著說道：「陳老弟說的，確有其事。」

原來，宋代的科場沿用的是唐代彌封糊名制度，考官看到的考卷是由胥史們謄寫的抄本，考卷上並無考生名字，也不能從筆跡上辨認考生是誰。考官們要在四千七百多份考卷中，依照文章的主意、論理、用典和詞句判定優劣，予以留捨。

　　當時考官們通過優中選優，一共選出了二十份考卷。李端叔追隨蘇軾多年，他的文思敏捷、學識淵博，蘇軾以為他的考卷必在其中。誰知拆開彌封之後才知道，名列前兩名的竟是章惇的兩個兒子章援和章持，第三名是舒亶之子！

　　在張榜公佈前，許多考官都有些猶豫，建議蘇軾再將考卷審讀一遍。他毅然說道：「按例張榜。」

　　李端叔因文章離題而未被初選的考官們入選，蘇軾為此也感到十分惋惜，還和黃庭堅等人寫了一封長信給他，鼓勵他繼續再考。聽說他家境貧寒，蘇軾還將宣仁太后賜給的那匹御馬送給了他，怕他出賣時買主懷疑御馬的來歷，又為他親筆寫了一份證據。政敵的兒子們高中，自己的門生名落孫山，不是能三言兩語說得清楚的，他理解陳慥的心情，更熟悉他疾惡如仇的性格，便笑著說道：「陳老弟，為社稷選拔人才應『內舉不避親，外舉不避仇』。章、舒二人雖對我不仁，但我不能因此而埋沒他們子弟的才華。李端叔雖才學兼優，但考卷落於人後，怎麼能因是我的學生就濫用感情呢？」

　　眾人聽了，都為他的光明磊落所感動。

　　陳慥心中仍然有氣，他「哼」了一聲，說道：「是狗，就改不了

吃屎；是賊，就忘不了行竊！我把話留在這裡：你早晚還會受其害的，若不信，就走著瞧吧！」

王詵連忙將他拉到自己身邊，說道：「陳兄策馬仗劍，俠行天下，是眼中揉不進沙子的君子，令在下飲佩不已，來來來，我要敬陳兄三杯！」

高帽子一戴，陳慥的火氣已消了大半，其它人也紛紛過去敬酒。西園裡翰墨飄香，笑語喧天。

這時，王詵的僕人來報：內宮中侍，前來宣旨。

眾人聽了，連忙起身迎接。

內宮中侍站在門口，大聲說道：「奉宣仁皇太后口諭，召蘇軾即刻覲見！」

蘇軾聽了，連忙起身，隨內宮中侍去了文德殿。

5

在御書房裡，宣仁太后坐在一乘高大的椅子上，小皇帝宋哲宗靠在祖母身邊，手裡擺弄著一根象牙鎮尺。蘇軾行過大禮之後，立在了一旁。

宣仁太后示意身邊的侍從退下，問道：「愛卿前年任何官職？」

蘇軾連忙答道：「臣任黃州團練副使。」

太后又問：「愛卿今年又任何職？」

蘇軾：「臣是翰林學士兼侍讀。」

太后：「愛卿晉升為何這麼快呢？」

蘇軾：「臣蒙皇太后和陛下的恩澤。」

太后：「不是。」

蘇軾：「是大臣們推舉的？」

太后：「也不是。」

蘇軾聽了，心中大驚，連忙說道：「臣雖不才，但絕不敢走斜門旁道以求升遷。」

太后笑了，緩緩說道：「重用愛卿，乃是先帝的遺願。先帝在世時，進膳時常常因讀愛卿的文章而忘了舉箸，還常常說愛卿是奇才。他本想起用愛卿和蘇轍的，但因過早仙逝而留下了遺憾。」

聽到這裡，蘇軾連忙跪伏在地、失聲痛哭起來，宣仁太后和哲宗皇帝也流下了眼淚。

太后命人賜茶後，又接著說道：「愛卿是三朝元老，又是先帝親自選定的宰輔之材。今天，新帝剛剛即位，望愛卿竭力輔佐，以報答先帝的知遇之恩。」

蘇軾說道：「皇太后說的，蘇軾銘刻心中。」

太后又問：「你這次開科主考，為社稷挑選人才，是哪些人高中皇榜？」

蘇軾：「榜上第一名是章援，第二名是章持，前兩名乃章惇大人的兩位公子，第三名是舒亶的兒子。」

太后：「在高中者中，有沒有愛卿的學生？」

蘇軾：「沒有。我的學生李端叔雖有才學，但因文章不及他人而落榜，他現已回原籍去了。」

宣仁太后聽了，連連點頭，說道：「愛卿的為人正直、胸襟寬闊，是人中君子，亦是治國之才。明天午時，先帝靈位移於宗室祠堂，你隨陛下前去祭掃皇陵吧！」

蘇軾連忙謝恩。

太后：「愛卿還有事要奏嗎？」

蘇軾：「太后，先帝在位時深為朝中冗官所憂，雖也裁減多次，但越裁越多、越減越冗。現在，每有一個空缺官職之位，候補者有五六人之多，往往為了爭得這一官位而明爭暗鬥、不擇手段，敗壞了風氣。現在，每次科考授官職的不足四百人，且都是州縣低階官吏，他們很難有英雄用武之地。而一些要職之官又全靠皇親國戚和朝中重臣的推薦，免考任職。這些免考的官員竟有九百多人，成為了新的冗官。這種冗官於國於民有害而無益，臣請求減少免考的人數，還朝政的廉潔清明！」

太后聽了，頻頻點頭。

蘇軾告退時，宣仁太后從書案上拿起一尊蓮花形的金燭臺，說道：「這是先帝用過的燭臺，賜給愛卿做個紀念罷！」

蘇軾雙手接過，之後便隨中侍出了文德殿。

又過了些日子，司馬光病重，已很少參加朝堂議事了，朝廷中的爭鬥也由暗處轉到了明處，漸漸形成了三股勢力：王安石派系的朔黨、理學家程頤為首的洛黨和以蘇軾為代表的蜀黨，三股勢力都在悄悄地較著勁。

蘇軾對官場的這種傾軋毫無興趣，他想的是宣仁太后的囑咐。這天晚上，他正在閱讀《齊民要術》，準備明天為哲宗皇帝講解管仲輔佐齊桓公時推行的「九惠」之策，蘇轍突然來訪。

蘇軾見他神色凝重、半天無語，便問道：「子由，你有什麼心事嗎？」

蘇轍嘆了口氣，告訴他說，當年的仁宗皇帝和神宗皇帝都有意拜蘇軾為宰輔，但終未能如願，宣仁太后也有拜他為相的打算。當時的司馬光也極力推薦蘇氏兄弟承擔朝廷的重任，但因蘇氏兄弟對全部廢除新法提出了不同意見，他又改變了主意。司馬光病重時，宣仁太后去看望他，他在病榻上說：「蘇軾雖有才華、為中外所佩服，但他德業器識有所不足。他已任翰林學士知制誥兼讀，不宜再授宰相重任。」

宣仁太后沒想到司馬光忽然改變了主意。也許蘇軾在朝會上頂撞過他？還是因蘇軾去看過王安石、化解了多年的積怨，又寫了〈次荊公韻四絕〉，而令他心裡不舒服？總之，他建議宣仁太后不可拜蘇軾為相。他還對宣仁太后說：「王安石詩詞文賦，遐爾天下，不失為一代文宗，他任翰林院大學士，深得神宗皇帝敬重，而身居相位後，竟敢變祖宗之法，惹得天怒人怨。臣以為，王安石和蘇軾一樣，只可做翰林學士，不可委以宰輔之任！」

宣仁太后又問：「老相國以為，誰可擔當宰相之職？」

司馬光：「呂公著可當此任，再將呂大防、范純仁詔進京城做他的左右之手，朝廷局勢便可安穩了！」說完，長長地嘆了口氣。

就是這聲嘆氣，不但阻斷了蘇軾的宰相之路，也為大宋埋下了一種隱患。

蘇軾聽了，只是笑了笑，心中十分坦然。

蘇轍又說，自蘇軾回到汴京之後，受到了宣仁太后的恩澤和重用，而且朝野推崇，榮耀勝過了宰相。這樣一來，有些人心裡很不舒服，不但新黨在攻擊他，舊黨也視他為眼中釘。而以理學自居的洛黨也乘虛而入，不斷找蘇軾的碴兒，前不久，他們果然找到了一個碴兒。

司馬光去世後，蘇軾親自率同僚們前往弔祭，按照通常禮制，司馬光的公子司馬康應立在靈堂前面，向前來弔祭的生前好友們還禮，但蘇軾在靈堂裡竟沒看到司馬康的影子！於是他去了後院，找到了傷

心欲絕的司馬康，有些生氣地問道：「賢姪，你應守在靈堂旁邊才對，為何躲到了後院？」

司馬康哭著說道：「小姪也想守在慈父靈前，但程頤大人說，若兒子守在靈前，不合古禮；還說，孝子應當悲痛得不見外人才好。」

蘇軾聽了，十分生氣，便拉著司馬康回到前廳，立在司馬光的靈前。

理學家程頤見了，大聲呵斥道：「我不是交待過你嗎？若你到了靈堂，則不合古禮，也有違聖人之言！」

司馬康垂著頭、流著淚，畢恭畢敬地聽著他的訓斥。

蘇軾實在忍無可忍了，便問程頤：「請問程大人，你在家中是按古禮安葬長輩的嗎？」

程頤避開了他的話鋒，說道：「遵循古禮，是人之性善，也是人之至孝。」

蘇軾：「再請問程大人，你父親去世時，你是按古禮辦的喪事嗎？」

程頤：「家父去世時，下官是按古禮辦的喪事。」

蘇軾：「古禮曰，君死臣殉，父死子殉，夫死妻殉，我問你，你當時為何沒有殉父而死呢？」

程頤聽了，竟面紅耳赤、呆若木雞！

蘇軾毫不留情，接著追問：「己所不欲，勿施於人，這可是孔聖人在《論語》中說的呀，難道程大人忘了嗎？」

程頤的臉由紅變白，竟然一個字都說不出來，只是氣得深身哆嗦，看著客人們在靈前弔祭，司馬康跪在地上向客人們行禮……

蘇軾算是這位洛黨黨魁的剋星，他算是將程頤得罪透了！

程頤的門徒們對蘇軾恨得咬牙切齒，恨不能將他的骨頭咬碎！只是蘇軾並不知道而已。

蘇轍還告訴他，洛黨、朔黨彈劾蘇軾的奏章雖已送到宣仁太后手裡，但她心裡明白，這些人都各懷鬼胎，所以才彼此呼應、相互利用，對蘇軾群起而攻之。她始終不為所動，將那些奏章束之高閣，不予理會。不過，她也一直為蘇軾擔著心，小心翼翼地保護著他。

其實，蘇軾早已有了打算，他對蘇轍說道：「我知道我的前邊有一群餓狼，它們眼裡冒著綠光，隨時都想撲過來咬我一口！我也知道自己鬥不過它們，所以，連退路都準備好了！」說著，將一份〈乞任外郡〉的奏章遞給了蘇轍：「這已經是第三份了。」

蘇轍看了看，說道：「但願皇太后恩准。」

三天後，這位被人稱為「女中堯舜」的宣仁太后終於頒發了詔書：詔令蘇軾以龍圖閣學士出知杭州！

原來，宣仁太后看了蘇軾的〈陳情乞郡箚〉後，她從心裡不願蘇軾離開汴京，但看到洛、朔兩派對他發起了一撥又一撥的彈劾、攻

擊，為了保護他，才恩准他到天下最富庶的杭州任太守，待朝政好轉之後，再詔他進京任職。

蘇軾離京前夕，宣仁太后又以加殿閣銜封疆大臣的待遇，再賜他官服兩套、金腰帶一條、金鍍銀鞍一副、御馬一匹。

他從南門出城，走到南郊的三十里堡時，忽有騎者飛奔追來。他想，是不是送來了命他立即回京的詔令？騎者到了跟前才知道，是內侍奉了宣仁太后之命，送來了賜給他的龍茶、銀盒！

蘇軾立即下馬，面北而跪，謝太后恩典。拜完，淚水已溢出了眼眶……

元祐四年（1089年）四月，進京三年之後，蘇軾終於離開了那個深不可測的漩渦，二度踏向了通往杭州的驛道。

第二十二章

治湖築堤，築出了一個動人的故事

1

宋哲宗元祐四年（1089年）七月，蘇軾一家乘船沿京杭大運河向杭州馳去。

重回杭州，蘇軾心事如潮，錢塘的大潮、林中的佛寺、秀麗的西湖、湖上的遊船和那些輕歌曼舞的倩影固然讓他懷念，而更讓他懷念的，是杭州的故人們。當他身陷烏臺詩案時，杭州的友人和百姓們為他設置解厄道場，祈求上蒼保祐他消災免禍。御史臺派人到杭州索取他留下的詩詞文字時，杭州人對他們橫眉冷對，諷刺他們是來索要「討帳」的！他被貶到黃州後，杭州的故人相約湊錢，一年兩次去黃州看望他，去時還帶著一些杭州產的荔枝、螺醬、茶葉等物，令蘇軾十分感激，他也時時惦記著杭州的故人。

他坐在船上聽著船頭輕微的水花聲，有一種遊子歸來的感覺。他想，故地重遊、與故人重聚，該是人生的莫大幸事。

航船終於抵達了杭州！

他站在船頭上，看見碼頭上站著一大群人。船一靠岸，人群一下子圍了過去。蘇軾看清楚了，人群中既有身著官服的官員，也有身穿短衫布衣的百姓，有的人還戴著斗笠、挽著褲角、打著赤腳。忽然，人群中有人喊了一句：「看，蘇大人來了！」

接著，人群一齊呼喊起來：「蘇大人來了！」

也有人喊著：「蘇大人來了，西湖有救了！」

......

一名官員擠出人群，率領同僚們走到船邊，大聲說道：「下官杭州府通判章援，率府衙同僚前來迎接太守大人。」

蘇軾也認出了章援，笑著問道：「賢姪怎麼知道下官今日抵達杭州？」

章援：「下官已接到家父送來的快信，才知道恩師今日抵達杭州。」

原來，章惇被謫出汴京後，蘇軾讓章援和他的弟弟章持住在自己家中與蘇邁一起讀書，自己也常常為他們授課。章援考中了進士第一名，其弟考中了第二名，蘇軾是當時的主考官，所以他稱蘇軾為恩師。

蘇軾指了指旁邊的人群，問道：「他們是——」

章援：「百姓們聽說恩師來了，都搶著前來迎候，也是來向恩師請願的。」

蘇軾：「請願？請什麼願？」

章援：「因為近幾年西湖已被葑草堵塞——」他看到太陽當頭、天氣炎熱，蘇軾一路勞累、眷屬們還在艙中，便說道：「待恩師安頓下來之後，小姪再向恩師報告此事。」說著，和同僚們護著蘇軾就走。

這時，人群中又有人呼喊起來：「請蘇大人留步！」話音未落，一個虎背熊腰的中年漢子走到前面，說道：「蘇大人，這是大夥寫的請願書，上面有一百一十五名鄉親們的簽名。」說著，將請願書遞給了蘇軾。

蘇軾接過來一看，上面寫著：「懇請疏濬西湖淤塞請願書」。

漢子見蘇軾在看請願書，連忙雙膝跪下，說著：「請蘇大人體恤杭州百姓之苦！」

他剛說完，人群「呼啦啦」都跪下了，有的說：「請蘇大人為百姓作主，疏濬西湖。」

「西湖已經淺了，快不能行船了！」

「西湖的水已經變臭了，魚蝦快要死絕了！」

「蘇大人的大恩大德，百姓們永記在心！」

蘇軾連忙扶起漢子，問道：「請問先生尊姓大名？哪裡人氏？」

漢子：「草民劉忠，是杭州人氏，祖居西湖岸畔。」又指著身邊的人群說道：「他們都是杭州百姓，聽說蘇大人要來杭州當太守，便推選草民領頭來向蘇大人陳情請願。」

蘇軾對眾人大聲說道：「請父老鄉親們都起來吧！有什麼要說，」他看到不遠處有一座涼亭，繼續說道：「就請推選幾位代表隨本官到涼亭裡去，向本官詳盡說說，不知諸位意下如何？」

大家聽了，都表示贊同。

章援早已為蘇軾一家安排好了官舍，他命隨行的同僚將內眷們送往官舍，便和蘇軾去了涼亭。

路上，章援告訴蘇軾，他剛來杭州赴任時，曾接到過杭州百姓請求疏濬西湖的請願書，他曾到西湖做過實地勘察，丈量了湖深湖寬、計算出了葑草和淤泥的數量，也想動手治理西湖。但還是有些限制因素：一是因為原任太守任期將至，不願冒險治湖；二是自己為官不久，缺少歷練，又沒有多少號召力；更重要的是府衙庫銀太少，無力支付治湖的巨大費用，請求朝廷撥銀治湖的奏章已呈往京師，至今尚未批覆下來。所以，他只能是看在眼裡、急在心裡，卻又無能為力！

蘇軾聽了，點了點頭。

大家推選出的三名代表進了涼亭，其餘的人都坐在樹蔭底下歇息。

蘇軾見代表中有位花甲之年的老人，便問道：「老人家，請你先說吧！」

老人開始有些拘束，說道：「草民丁有林，家住西湖丁家山。眼下最急的是，百姓們守著西湖卻沒有水喝！」

原來，西湖的錢塘六井當年是用毛竹作水管將河水引入井中，因年久失修，毛竹已爛、淤泥太厚，堵塞了水源。井中無水，湖水又不宜飲用，許多人家不得不去錢塘江汲江水飲用！

蘇軾聽了，覺得他說的都是實情，便問道：「請問，以老先生之見，應如何治理才好？」

這時，一個後生提來一桶涼水，放在亭中，以供人們解渴。

蘇軾盛了半瓢，剛喝了一口，覺得又澀又苦，連忙吐了出來。

丁有林說道：「蘇大人，這就是西湖的水！」接著他講了治理的辦法：用陶管代替毛竹，再將陶管置於水槽之中，兩邊以磚石塞緊，水便可暢通。但陶管、石槽和清除淤泥的費用沒有著落，難以動工。

蘇軾聽了，連忙拉著他的手，說道：「謝謝老人家，你為本官解了一個難題！修井引水工程，本官就委託先生了；工程所需費用，由本官設法籌集！」

丁有林十分激動，說道：「西湖的百姓若能喝上以前的六井之水，都要感謝蘇大人。」

坐在亭外樹蔭底下的人聽了，一齊鼓起掌來。

「草民桐花有話要說。」一個三十多歲的女子說道，「桐花是個船娘，在湖上以划遊船為生，自小就愛唱蘇大人的『欲把西湖比西子，淡妝濃抹總相宜。』當年未嫁時，西湖的葑草只占湖面的十之二三。這些年來，每逢乾旱，湖水變淺、葑草叢生，湖中大大小小的葑草田已淤塞了一半湖面，不但行船不便，也壞了西湖的風景！都說西湖是杭州的眉目，再有二十年，杭州就沒有眉目了，也沒有遊客坐桐花的船了，蘇大人唱的『西子』也就變醜了！」這個口齒伶俐、說話風趣的桐花把在座的人都說樂了。

蘇軾也樂了：「依你所見，西湖應當如何治理呀？」

桐花：「除淤泥、挖葑田、開湖面，杭州百姓笑開顏！」

蘇軾：「本官再問你，若把那麼多的葑田和淤泥都挖出來，在何處堆放呢？」

桐花有些不好意思：「桐花倒沒想要堆放何處。」

眾人也紛紛議論起來，是啊，將滿湖的葑田淤泥挖上岸來，不得堆成幾個山包！西湖四周本來就十分狹窄，確實沒有地方可堆放！

蘇軾：「關於葑田淤泥堆放何處一事，本官以為，既然出自西湖，就應當用於西湖。」他看到眾人有些疑惑，接著說著：「下官以為，治理西湖不怕人少、船小，也不怕庫銀不足，『人心齊，泰山移』，只要有錢的出錢、有力的出力，必能治理出一個當年的西湖！」

劉忠聽了，笑著說：「只要蘇大人不走，西湖就有救了，我等願隨時聽從蘇大人的調遣。」

蘇軾：「本官宣佈，十天之後，著手治理西湖！請父老兄弟姊妹們先回去吧！」

涼亭中的代表和樹蔭下的人群聽了，一齊站起來鼓掌、歡呼。

離開涼亭以後，蘇軾便和章援乘著桐花的遊船去察看西湖的葑田了。

2

蘇軾心中一直有一種排解不開的情結。他未到西湖之前，分明覺得自己的前世到過杭州，好像在四五歲的時候常常在湖上玩耍，對杭州的景物十分熟悉；他從未去過壽星寺，卻對人說，他在壽星寺當過和尚！還說了壽星寺的山門、佛殿、懺堂和院子裡樹木、水井的模樣。是在夢中來過杭州還是真的來過？他弄不清這種感覺是怎麼來的。他還給一位道友寫過一首〈過舊遊〉：

前生我已到杭州，到處長如到舊遊。
更欲洞霄為隱吏，一庵閒地且相留。

杭州多寺。十五年前蘇軾第一次來杭州任通判時，常去尋遊佛寺、禮拜佛像、結交僧人。他遊覽這些佛寺時總覺得有些似曾相識，彷彿曾經來過。他從未去過葛嶺的壽星寺，有一天，他去拜訪壽星寺的同登方丈時，一進山門，就對隨行的參寥和尚說道：「下官曾經到過壽星寺，眼前的這些殿堂僧舍，下官都很熟悉。」

參寥不信，他便指著腳下的臺階說道：「從這裡到佛堂一共有九十二道臺階，你若不信，請數一數。」

參寥還是不信，同登方丈便派小沙彌去數，果然是九十二道臺階！

參寥覺得奇怪，問他：「大人既然從未到過壽星寺，怎麼知道寺中的臺階？」

蘇軾：「因為下官的前身曾是壽星寺的僧人，所以熟知寺中的情形。」

參寥聽了，大為驚異，但蘇軾一直這樣相信著。

因為蘇軾對杭州有一種特有的感情，因此他對治理西湖不僅竭盡全力，也傾注了太多的心血。

在聽了杭州三位代表的訴求之後，他連夜寫了一份〈乞開杭州西湖狀〉，請求朝廷賜度牒五十道，因為度牒可賣給寺院，是一筆不菲的收入；府衙賑災的結餘款項可作開工之用。為了防備缺錢停工，他又捐出了這幾年積攢的五十兩黃金。

在開工之前，他領著章援等數名府衙的官員去拜訪兩浙兵馬都監劉季孫，請他調遣士兵一千名參加湖中的清淤工程。劉季孫不但滿口答應了，還提供營中船隻三十艘以作運泥之用。蘇軾還以賑災的餘款招募了災民三萬人，以工代賑，下湖剷除葑草。

到了開工的日子，章援率領府衙的同僚們早早地來到了西湖岸邊，招募的三萬民工趕來了，劉季孫率領千餘名士兵趕來了，秀州官員支持治湖的五十隻小船和一百名船工也風塵僕僕地趕來了，再加上來看熱鬧的杭州百姓們，西湖岸邊人山人海、鑼鼓聲聲、鞭炮陣陣、一片歡騰。丁有林站在六井旁邊感歎不已，對身邊除淤修井的民工說道：「這可是杭州城自古至今的頭一回啊！」

開工不久，人們最擔心的葑工淤泥堆放哪裡的難題也迎刃而解了。

蘇軾原本設想，既然葑田淤泥無處堆放，便想集中堆放在西湖中間，爾後設法用小船運往錢塘江邊。他在湖中測量水深時發現西湖從南到北約有三十餘里，若將挖出的葑土淤泥分段運到西湖中央，就可以築成一道長堤！堤旁種上桃柳等樹木，再在長堤上修上橋以作湖水流動之用，建幾座亭子以備行人乘涼、避雨，這不但可解決葑草淤泥的堆放難題，也方便了行人。他將這一設想向章援等府衙的官員們說了，還徵詢了劉忠、丁有林和桐花等人的意見，大家都認為，在西湖中央築堤既省工又省錢，還可便民，又裝點了西湖，是一舉四得！

為了修築這條長堤，蘇軾坐著桐花的小船，領著章援、劉忠等人，在湖中日夜巡視、指揮。遇到了雨天，他一身泥水穿行於運載葑草的船隻中間；遇到了晴天，他頭頂烈日察看挖掘葑田的進度。

有一天午時，大家停工吃飯，蘇軾的小船剛剛劃到一處工地就被正在吃飯的民工們截住了。丁有林端著飯碗，對蘇軾說道：「請蘇大人就在我們這裡吃飯吧！」

蘇軾早就覺得肚子餓了，便和章援等人下了船來到丁有林旁邊，端起一碗米飯，又拿起一雙竹筷在身上擦了擦，便和民工們一道吃起來了。

這時，蘇友匆匆找來了，他送了夫人炒的一缽油鹽飯。蘇軾笑著說道：「來來來，請大家都來嘗嘗。」說著，將油鹽飯放在船板上。

大夥以為太守夫人一定送來了山珍海味，誰知竟是一缽普通百姓們常吃的油鹽飯！大家說著笑著便將一缽油鹽飯分而食之了。

丁有林又添了一碗炒藕片端給了蘇軾，蘇軾吃得津津有味……

這時，忽見從遠處走來一群人，當他們走到湖邊時才看清是一些僧人。僧人來幹什麼？

一位中年比丘尼走到跟前，焚了三柱高香之後，又朝西湖拜了三拜。她雙目微垂、雙手合十，說道：「貧尼得知蘇大人率眾挖葑除淤、拯救西子，功德無量。貧尼特率眾徒前來向蘇大人致謝，為西湖祈福。」說完，向身後招了招手，四名僧人將一方「治湖造福，恩澤百世」的匾額送給了蘇軾。接著，又從隨身佩戴的法袋中取出一個黃絹小包雙手交給了蘇軾，說道：「請大人轉交朝雲施主。」

蘇軾連忙擦了擦手上的泥巴，接過絹包。他怕被船上的泥水弄髒了，連忙將絹包揣進了懷裡。

比丘朝他微微一笑，施禮之後便轉身走了。

她是誰？蘇軾覺得有些面熟，但一時記不起來了。

望著她漸漸走遠的身影，工地上的民工紛紛議論起來，有人說：「你們看，她的眉目、她的神態，像誰呀？」

有人說，她像廟裡供奉的觀音菩薩。

有人已經認出了她，說道：「她是靈隱寺的雲心禪師，每當她在寺中講經時，一講就是三天三夜！數千聽經的僧人坐在禪院裡，沒有人說話，也沒有人走動，安靜得連樹上掉下一片樹葉都能聽得清清楚楚。」

還有人補充說，靈隱寺的松樹上有很多松鼠，它們常常在樹枝上戲鬧，啃碎的松籽殼常落在僧人身上。每當她講經時，好像它們也在聽經，在樹枝上一動都不動！

蘇軾想起她剛才說的「挖葑除淤、拯救西子」的音調，想起了十五年前的一件往事。當年，他領琴操去靈隱寺出家，路過西湖時，她曾經邊走邊唱〈飲湖上初晴後雨〉。唱完了，她嘆了口氣，說道：「蘇大人把西湖比作西子，西湖修成了正果，可是誰肯拯救風塵之人也修成正果呢？」想到這裡，他頓時大悟，原來她就是當年的詩妓琴操！

章援擔心他過於勞累，勸他回官舍睡個午覺再來工地。他搖了搖手，對桐花說道：「去湖中心看看，開船吧！」

桐花用竹蒿向岸上輕輕一點，小船便像箭一般離開了人群。

3

一進九月，治湖工程已大見成效。到了月中，朝廷已經恩准了蘇軾上書的〈乞開杭州西湖狀〉，撥米一萬擔，錢一萬貫，賜牒五十道。有了經費和糧食，治湖進度很快，丁有林負責的六井修復已全部換上了陶管、石槽，杭州城的百姓們已喝上了清亮甘甜的井水。一條起自南屏、止於曲院的南北大堤如一道長虹，已橫臥在湖中了。到了月底，大堤上修建的六座橋樑已經完工，九座亭子也已建成，只等待蘇軾為它們命名了！

蘇軾發現，新修的大堤上種上柳樹桃樹後，它們盤曲的根系可以加固堤岸，而挖走了葑田的湖面上葑草還會重生、葑田還會形成、用不了多少年，西湖的湖水又會變臭，遊人們也就不會再來，治湖算是白治了！

有一天，他路過城外的百畝塘時，見塘中清波粼粼，不生一棵葑草！便問水塘主人：「請問先生，這百畝塘過去長過葑草嗎？」

「長過。」

「現在為什麼不長了？」

「因為塘裡種了紫菱角。」

「為什麼種了紫菱角就不長葑草呢？」

塘主人告訴他說，塘裡要種紫菱角，就要把葑草連根挖出、寸草不留，然後才能栽種紫菱角。塘水越清，菱角越甜，價錢也越高，到了冬季運到汴京一帶，最受北方人的喜愛。

蘇軾與劉忠等代表們商量過了之後，決定將大堤兩邊的湖面闢為菱蕩，租給農戶種菱，不收租賦，但種菱租戶要守約，不許湖中有荇藻等雜草。

府衙的告示貼出去不久，就有數十租戶要求承租，湖面很快就被人租去了。種了紫菱角的湖面水清魚多、湖上游船如棱，遊客們坐在船上就可順手採菱嘗新了！

剛剛築起的長堤還沒有名字，百姓們便順口叫做蘇堤。蘇堤南北貫通那一天，天氣晴朗、湖中風平浪靜。一些參加治堤栽樹的民工和湖上的船娘、歌妓們聚集在一座剛剛竣工的亭子中歇息，他們看見蘇軾戴著竹斗笠、扛著一柄鋤頭，正率領幾名官員順著長堤朝亭子走來，大家紛紛讓出座位請他們進亭歇一歇，蘇軾便笑著進了亭子。

桐花對身邊的瓊芳說道：「蘇大人為治理西湖日夜操勞，請瓊芳姑娘為蘇大人唱支曲子如何？」

她的建議得到了眾人的回應，大家都紛紛催促瓊芳為太守大人唱支曲子。

瓊芳是位歌妓，已經二十出頭了。她雖然衣襟上沾著泥土、臉上也有汗漬，但仍然透著難以掩蓋的青春魅力。她有些為難，問道：「唱什麼曲子才好呢？」

桐花笑著說道：「就唱你心中最愛的曲子吧！」

瓊芳聽了，低下頭去，怯怯說道：「小女子唱出來怕讓蘇大人掃興，還是不唱為好。」

蘇軾聽了，有些好奇，什麼曲子能讓我掃興呢？為了安慰瓊芳，他說：「凡是姑娘唱的，本官都願意聽，請姑娘唱吧！」

瓊芳聽了，抬頭望著遠處，眼神中露出了一種憂傷，聲音也有些哀切。她揉搓著自己的衣襟，輕聲唱了一首〈惜分飛〉：

淚濕闌干花著露，愁到眉峰碧聚。此恨平分取，更無言語空相覷。

斷雨殘雲無意絮，寂寞朝朝暮暮。今夜山深處，魂斷分付潮回去。

唱完了，她強忍著的淚水便無聲地流淌下來了。

蘇軾被她的歌聲打動了，也對她的身世產生了興趣，問道：「瓊芳姑娘，這首詞是你填的嗎？」

瓊芳說道：「小女子不敢哄騙大人，小女子識字不多，此詞雖是小女子所作，卻是毛滂為小女子修改過的。」

蘇軾：「毛滂是誰？」

瓊芳的臉龐紅了，她低聲說道：「他是小女子的……」

這時，她身旁的一位歌妓說出了她的遭遇——

身為歌妓的瓊芳，與杭州府的法曹毛滂從相識相知到相愛已有數年，但毛滂卻一直苦於無錢為她贖身。前不久，因毛滂的任期已滿，即將離開杭州另赴新任。昨天夜裡，二人難捨難分，瓊芳哭著為他填了一首〈惜分飛〉，毛滂為她修改過之後，便揮淚而別了。

天亮後，瓊芳便和姐妹們來到蘇堤上栽種樹木。

蘇軾聽了，說道：「瓊芳姑娘，你不必傷心，本官這就派人去把毛滂追回來！」又轉頭吩咐章援：「章大人，速派人去追毛滂，留任杭州！」

章援剛要走，忽然聽見亭子外有人喊道：「我在這裡！」隨著喊聲，一個年輕男子跨進亭子，「撲通」一聲跪在蘇軾跟前，說道：「學生毛滂，感謝蘇大人的知遇之恩。」

瓊芳突然看到毛滂又回來了，由驚轉喜，也連忙跪在了毛滂身邊，向蘇軾叩頭。

原來，毛滂一大早就出了城門，但他實在捨不得離開瓊芳，便又悄悄回到城中，想再看一眼自己的心上人。聽說瓊芳去蘇堤栽樹了，他便混在栽樹人群裡四處尋找瓊芳的影子，當他聽到瓊芳的歌聲時，便躲在了亭子外邊。

蘇軾對毛滂說道：「毛滂，你可留在杭州繼續任職。」又對瓊芳說道：「瓊芳姑娘，自今日起，本官准許你脫除樂籍，自由去留！」

瓊芳聽了，連忙叩頭謝恩。

亭子裡爆發出一陣歡呼之聲，人們都向這對戀人表示祝賀！

修蘇堤竟修出了一段佳話韻事，大家開了眼界、也飽了耳福。

因為蘇堤是蘇軾領頭修的，這就注定它還會發生許多故事。

4

由於太守的公務本來就十分繁雜，而蘇軾又是個勤政憫民的太守，加之還要接待從四面八方前來拜訪的文友，整天忙得團團轉，家人很少能見到他的面。

因為王潤之身子虛弱，蘇迨、蘇邁和蘇友、高俅都隨著蘇軾去了工地，王朝雲便擔起了為全家洗衣、做飯等家務的擔子，還要每天為工地熬三擔綠豆湯，實在忙不過來。由王潤之作主，家中添了春娘等三名家妓，王朝雲才有些閒置時間。

這些年來，王朝雲不但學會了作詩填詞譜曲，還讀了不少書，遇到生字典故時，便向蘇邁請教。當蘇軾將「雲心」禪師的黃絹小包給了她以後，她如獲至寶，因為黃絹中包著一部新刻的《金剛經》！這些天來，每天晨昏她都跪在佛龕前面誦讀，有時還講給王潤之聽，以打發空寂的日子。

有一天，她正在誦經時，春娘進來說道：「夫人，門外有人求見。」

王朝雲出門一看，見一名中年農婦站在門外，農婦一看見她，就大聲說道：「朝雲妹妹！」

王朝雲仔細一看，原來她是白玉蘭！

白玉蘭伸出雙手一把抱住了王朝雲，說道：「朝雲妹妹，你可想死我了。」

王朝雲：「我也想姐姐啊，還常在夢中夢見姐姐呢！」說著，眸子已經有了淚花。

王朝雲當年入樂籍時只有十二歲，白玉蘭不但教她唱曲、彈琴，還時時保護著她，二人既是閨中密友，又是情同手足的姐妹。王朝雲

自從離開杭州後，再沒見到白玉蘭，也不知道她的日子是怎麼過的。她還在杭州嗎？還是流落他鄉了？沒想到十五年後二人又重逢了！

聽說白玉蘭來了，王潤之也十分高興。她拉著白玉蘭的手，仔細端詳著她的臉，說道：「當年那麼標緻的人兒，如今眼角上已有魚尾紋了、臉也曬黑了，不過，比當年精神多了，身子也發福多了，快說說，這些年來你是怎麼過的？」

白玉蘭告訴她，她攢了些錢，脫離了樂籍，嫁給了龍井村的茶農孫雁。孫雁祖祖輩輩種茶，他天天忙著在茶山施肥、澆水，還教會她採茶、烘茶。她們夫婦已經有了一兒一女，小日子雖不富裕，但過得很舒心。她還說，她永遠都忘不了當年吉祥寺的那場賞花酒宴，杭州府推官何正臣有意刁難她時，還是蘇軾當場為她作了一首〈賀新涼〉，才為她解了圍！當她聽說蘇軾受人陷害關進了烏臺大獄時，她在家中設下香案，面北而跪，祈禱上蒼保祐他。當她聽說新任的杭州太守就是當年的蘇軾時，她便從龍井村趕來了。

王朝雲問她：「當年姐姐唱歌，全城聞名，如今還唱嗎？」

白玉蘭：「有時也唱，唱給孩子們聽。」

王朝雲：「都唱什麼歌？」

白玉蘭：「唱的都是自己編的採茶歌。」

王朝雲央求她說：「好姐姐，唱一首聽聽，好嗎？」

白玉蘭笑了笑，便輕聲唱了起來。

採茶三月三，滿枝是春尖。

西湖明若鏡，映出豔陽天。

王朝雲聽了，拍著手說道：「太好了，太好了，不但唱的好，詞也編的好！」

王潤之知道龍井村離府衙很遠，便執意要留她多住些日子。白玉蘭聽了，連忙說道：「夫人，白玉蘭此次進城，一是來看望兩位夫人，二是受村中父老之託，送來了一擔龍井茶，讓蘇大人和鄉親們嘗嘗龍井村的龍井茶。」說完，朝門外指了指：「他們就在門外。」

王朝雲出門一看，見一個人高馬大的漢子挑著一擔竹筐朝她憨厚地笑著。在他身後，還有一隊挑著水桶的村民。原來，他們要將龍井茶和龍井水送往蘇堤。

王潤之知道難以留下白玉蘭，便對王朝雲說道：「朝雲，你陪白玉蘭去吧！」

王朝雲聽了十分高興，便挽著白玉蘭的手一同去了治湖工地。

龍井村的村民到了蘇堤之後，立即在堤上支起了兩口大鍋，倒進了挑來的龍井水，接著在鍋下燒起了木柴。不一會兒鍋中的水就燒沸了，白玉蘭將大大碗公擺在堤上，每個碗裡放上了龍井茶，又將沸水輕輕倒入碗中。她端著一碗龍井茶走到蘇軾跟前，深情地看了他一眼，說道：「請蘇大人品嘗龍井水沖泡的龍井茶。」

蘇軾接過大碗公嘗了一口，果然覺得清香純淳、滿嘴皆津。

王朝雲則將一碗碗龍井茶送給治湖的士兵和民工。

不知是誰眼尖，認出了端碗的女子竟是太守大人的夫人，便大喊了一聲，說道：「請朝雲夫人唱首歌，好不好？」

他的提議立即得到了人們的回應，大家都齊聲喊著：「朝雲夫人唱首歌，朝雲夫人唱歌……」

王朝雲聽了，有些為難，她望了望白玉蘭，白玉蘭說道：「妹妹若不唱歌，恐怕大家不會答應，還是唱一首吧！」

王朝雲：「唱哪首歌呢？」

白玉蘭想了想，說道：「就唱那首〈飲湖上初晴後雨〉吧！」

王朝雲雖然已有二十七歲了，又經歷了太多的風雨和磨難，但在眾人眼裡，她不但依然是位亭亭玉立的吳娃越女，而且多了幾分雍容和成熟。她朝西湖四周看了看，柔聲唱道：

水光瀲灩晴方好，

也許杭州人不但都愛讀這首詩，還都愛聽這首歌，她剛剛唱了一句，在堤東挖葑田的民工也隨著唱起來了：

山色空濛雨亦奇。

接著，堤西運泥船上傳來：

欲把西湖比西子，

繼而，滿湖一齊唱了起來：

淡妝濃抹總相宜。

悠揚的歌聲在湖面上飄蕩著……

5

杭州寺多，西湖一帶殿宇相望，鐘聲相聞，三萬多名僧人生活在這些古剎寺院之中，還有若干從外地來雲遊、聽經、講經的僧人。這些僧人中，有不少是名望頗高的高德大僧，這些高僧都是蘇軾的摯友，而茶、詩又是他們交往的主要內容。

他初到杭州的時候，聽說垂雲寺有位僧人叫清順，不但精通佛理，還精通茶道，常在他居住的藏春塢中炒茶、烹茶、品茶。蘇軾決定前去拜訪。當他騎著馬駕近藏春塢時，看見門前有兩株合抱的古松，鐵枝如虯，古松上盤絡著一片凌霄花，一位清瘦的老和尚坐在樹下打瞌睡。

為了不打擾他，蘇軾下了馬，摒退隨從人員，掂著腳尖向前走去，剛走到他身邊，老和尚伸出手，雙手合十，說道：「施主可是杭州太守？」

「在下正是蘇軾！」蘇軾連忙答道，「特地前來請教茶理。」

老和尚睜開眼看了看蘇軾，微笑著說：「茶理如同詩理，」他指著落在地上的一片凌霄花說道，「貧僧特為此物，向大人乞求一韻。」

蘇軾看了看滿地的凌霄花，思忖了一會兒，便賦了一首〈減字木蘭花〉：

雙龍對起，白甲蒼髯煙雨裡。疏影微香，下有幽人晝夢長。
湖風清軟，雙鵲飛來爭噪晚。翠颭紅輕，時下凌霄百尺英。

老和尚聽了，連忙站起來，說道：「貧僧清順，失禮了！」說完，拉著蘇軾的手，進了藏春塢，直到太陽西下，二人才戀戀不捨地分手。

杭州的寺院大都有自己的茶園，有的甚至有自己的茶山。植茶、製茶是他們經營的事業之一，僧人將自己採摘、製作的茶葉送往城裡的茶行或賣給茶商，用賣茶所得購置糧食、香燭等物，以維持日常開支。

清明節剛過，正是採摘春茶的最佳季節，吃過早餐，蘇軾審閱了湖光寺的一份訴狀。案情是湖光寺的住持圓寂之後，僧人為住持繼承人問題發生爭吵，爭持不下，請府衙裁奪。

按大宋律法，知府對轄區內的寺廟，不但有監管權，對寺廟的重大事務亦負有責任。蘇軾認為，住持是寺廟的主心骨，不但資歷、才能要出眾，人品修行更要優秀才行，他對訴狀中提到的兩名僧人並不熟悉，一時難以裁奪。

正在這時，垂雲寺住持清順派小沙彌送來一函，說今年頭茬春尖已炒製好了，請他前往智果精舍品茶。

「高山仰止啊！」蘇軾剛走到智果舍門口，就大叫起來。

原來，智果精舍的竹案前，依次坐著三位僧人：清順、佛印、仲殊，佛印的個頭高，坐在中間，清順、仲殊的個頭矮，坐在兩邊，剛好形同一個「山」字，故就叫了一聲。

大家都是熟人，禮過之後，蘇軾便落座了。

不一會兒，清順和尚特地從南屏山請來的烹茶高手謙師和尚烹好茶，端了上來。

蘇軾端起一杯，輕輕抿了一口，品了品，連聲說：「好！好！好！」

「好在哪裡？」清順問了一句。

蘇軾說：「茶好，烹茶之技絕妙，得之於心，應之於手，非可言傳也！」

「不！」仲殊搖搖頭說，「好像缺了點什麼！」

「我知道缺什麼！」蘇軾笑了起來。

「缺了什麼？」大家有些不解。

「蜂蜜！」

大家有些不解。

蘇軾告訴大家，仲殊辟穀多日，只吃蜂蜜。大家這才恍然大悟。

佛印一邊品茶，一邊琢磨著怎麼捉弄一下蘇軾，想了想，指著遠處的飛來峰問道：「蘇大人，那座山峰叫什麼名字？」

「靈鷲峰！」蘇軾說，「相傳東晉年間，天竺高僧慧理來到這裡，看到這座山峰，驚訝地說，『這不是天竺國靈鷲山上那座小山峰嗎？怎麼飛到這裡來了？』」

佛印說：「它又叫飛來峰。」

蘇軾說：「既然飛來了，為何不飛走呢？」

佛印說：「一動不如一靜。」

蘇軾問：「為何要靜呢？」

佛印說：「既來之，則安之嘛！」

大家聽了，會心地笑了。

品過新茶之後，蘇軾說：「下官有一事，請各位賜教！」

「什麼事，把蘇大人難住了嗎？」

「湖光寺住持圓寂後，誰繼任，請各位教我。」蘇軾說，「不要說，都寫在手上。」

過了一會兒，各人伸出自己的手，伸開一看，四個人手掌上寫的名字竟然相同：法德和尚。

法德和尚是靈隱寺的講經和尚，樂善好施，在施主和僧眾中口碑頗好。

第二天，蘇軾親自把法德和尚送往湖光寺。

蘇軾剛離開湖光寺，章援便匆匆找來了，他低聲說：「恩師，汴京的中使大人送來詔書。」

蘇軾聽了，匆匆回到了官舍，看了詔書才知道，這是宣仁太后打破常規、直接以中旨頒下詔命：詔蘇軾任翰林學士兼侍讀！

為了赴京上任，他謝絕了一切宴請，並不許府衙官員透露自己的行期，以免驚動杭州各界。

離開杭州前夕，章援來到蘇軾的書房，他說：「恩師離任，小姪心裡悶得慌。當年，小姪與兩位弟弟求學恩師才得以考中進士，恩師守杭州三年，更是小姪求學恩師的三年，受益終生。讓小姪有愧和不安的，是家父——」

蘇軾連忙打斷了他的話，笑著說道：「下官和子厚兄是多年的老友了，請賢姪不必自責。」停了停又說：「下官走後，請賢姪將結餘的錢糧接濟一些孤寡長者和失家的孤兒。」

章援：「恩師的話，小姪都記住了。」

二人一直談到子夜，章援才離開了書房。

蘇軾一家是拂曉時出發的，在杭州城裡時倒還平靜，誰知一出了北門，見路邊擺滿了香案，數萬人擋在路上，焚香舉酒，哭聲一片。許多人還隨車步行十餘里，去送別他們的太守……。

他走了以後，杭州的百姓在蘇堤上為他立了一座生祠，以紀念這位為西湖傾注了心血的詩人太守。但後來呂惠卿任杭州太守時，竟下令將那座生祠毀掉了！

　　其實這是一種徒勞，因為蘇軾已活在杭州百姓的心裡了。

第二十三章

惠州有一位「散花天女」，香火不斷

1

宋哲宗元祐六年（1091年），蘇軾奉詔回京，先授禮部尚書，因受到政敵的攻擊，他要求出京任職，先後任穎州、揚州、定州太守。過了兩年，宣仁太后駕崩，朝政發生了重大逆轉。

宋哲宗親政後，當年被司馬光排擠出京的官員被紛紛啟用：章惇授為左僕射兼門下侍讀、也就是宰相之職，呂惠卿官復原職，李清臣、曾布、蔡京等人也都得到了重用。因為失去了太皇太后的保護，蘇軾和他的學生、朋友以及八百三十多名元祐時期的官員遭受到了殘酷打擊。

蘇軾是章惇重點打擊的對象。章惇對政敵仍襲用了李定、舒亶等人雞蛋裡找骨頭的整人策略，抓住蘇軾詩詞文章中的片言隻語，無限上綱，說他「所作文字，譏斥先朝」，犯了此罪屬於不可饒恕的欺君之罪！對於自己的老師，這位剛剛執政的宋哲宗也絕不手軟，立即下詔罷了蘇軾的定州太守之職，以朝承郎身份將他貶到了英州（今廣州英德）。

蘇軾一家剛剛到了英州，新的貶令又到！詔蘇軾寧遠軍節度副使，惠州安職，不得簽署公事！

已是五十九歲的蘇軾，又以罪臣身份踏上了更為偏遠的貶途。

蘇轍也被免去了門下侍郎之職，貶到了汝州。

馬不停蹄地進京出京、任職免職，蘇軾已感到身疲力竭。他坐在馬車上，望著走不到盡頭的驛道，低聲吟哦著：

二年閱三州，我老自不惜。

團團如磨牛，步步踏陳跡。

吟哦完了，他輕輕嘆了口氣，又繼續前行。

在去惠州之前，蘇軾知道自己此去禍福難測。因他已在常州宜興買下了房舍和田產，便讓長子蘇邁帶領全家去宜興居住，若自己還能回來，就去與他們團聚。

接著，他做了一個重大決定，將家中全部積蓄分發給家中的歌姬和男女僕人，讓他們或投親靠友、或自謀出路，免得跟著自己吃苦受罪遭連累。

高俅聽說要讓他離開蘇家，哭著說道：「我的命是蘇大人給的，我要一輩子侍候蘇大人，求大人千萬不要趕我走。」

高俅不但聰明，而且動作十分敏捷。蘇軾曾帶他去軍校場看過幾次踢球比賽，他就喜歡上了踢球遊戲。王詵也十分喜愛踢球，還常在家中舉辦踢球比賽，看到高俅身子靈活，便讓他下場踢球。為了讓高俅有個出路，蘇軾便將高俅送給了王詵。他離開汴京時，高俅將他送出了三十多里才抹著眼淚回去了。

最後只剩下王朝雲和春娘了。蘇軾雖然與王朝雲情深意厚，又共甘同苦生活了十九年，但自己已經老了，難以照顧她了。而且王朝雲只有三十一歲，應趁著年輕讓她尋一個好的歸宿，這勝過跟著自己，前途未卜、四處奔波。他把自己的打算告訴了王朝雲之後，王朝雲哭著說道：「妾不求富貴，只求能與老爺一路走下去，哪怕住破屋、穿縞衣、吃糠菜，也絕不後悔！」

蘇軾聽了，心裡十分難受。他覺得自己有愧於她，若讓她再跟隨自己走下去，心中十分不忍，於是還是不斷地勸說。誰知勸到最後，王朝雲說：「妾，生是蘇家的人，死是蘇家的鬼。老爺忘了夫人對你說過的話嗎？」

蘇軾不敢忘記王潤之彌留之際的囑咐：「我走了以後，老爺一定要把朝雲留在身邊，我就死可瞑目了！」

蘇軾聽了，說道：「我一定不離開朝雲，請夫人放心吧！」

如今，當王朝雲提到了王潤之臨終前的囑咐時，他只好答應讓王朝雲留下，不過，在安排春娘離家時，卻發生了令蘇軾遺憾終生的悲劇。

春娘只有二十三歲，那還是在杭州治理西湖時，王潤之身子虛弱，需人在身邊照料，便自作主張出錢贖出了春娘，作了蘇家的歌妓。

春娘自脫了樂籍進了蘇家之後，就像鳥兒放出了樊籠，整天樂呵呵的。她幹活手腳麻利，細心侍候在王潤之身邊。她粗識文墨，還能譜曲，為了給王潤之解悶，她將蘇軾的詩詞譜上曲調，唱給王潤之聽，很得王潤之的喜歡。

春娘進了蘇家不久，就跟隨著蘇軾開始了流離奔波的日子。王潤之病重時曾向蘇軾交代過，春娘還年輕，自己走了以後，要放她出去，為她找個好的人家，別誤了她的下半輩子。

蘇軾記在心裡了。

王潤之去世後，春娘極為悲傷，她哭著說：「讓春娘隨著夫人去吧！」直哭到昏倒在地，幸虧及時施救，才沒發生意外。

當家中的歌妓、僕人都走了以後，春娘還是哭著不肯離家。蘇軾想，孤兒出身的春娘本來就無親可投，讓她如何安身立命？

就在為難之時，友人蔣炎雲聽說他即將出京，便騎馬來看望他。蔣炎雲見他行李頗多，便指著自己的那匹白馬說道：「在下就將這匹馬送給蘇大人，以作路上馱運行李之用。」

蘇軾連忙說道：「不可、不可，那可是一匹好馬啊，馬市上能賣不少錢呢，下官不能收。」

蔣炎雲說道：「那就賣給大人吧！」

蘇軾：「也不可，下官如今已是身無分文了。」

這時，恰逢春娘出來送茶，蔣炎雲順手指了指春娘，笑著說道：「就以她換我的馬吧！」

他的一句話引起了蘇軾的心事。這位蔣炎雲雖說不是巨賈富商，更不是官宦人家，但家有薄產，又知情達禮、為人正直，若春娘隨他去了，豈不遂了自己的心願？便答應了。

蔣炎雲聽了，十分高興，便即興寫了一首詩：

不惜霜毛雨雪蹄，等閒分付買娥眉。
雖無金勒嘶明月，卻有佳人奉玉梔。

蘇軾也作一首：

春娘此去太匆匆，不敢啼嘆懊恨中。
只為山行多險阻，故將紅粉換追風。

追風，就是奔馳如風的駿馬。

春娘讀了蘇軾的詩以後，說道：「孔子貴人賤馬，如今老爺卻要
以妾換馬，豈不是馬貴人賤？」說完，她也寫了一首七絕：

為人莫作女兒身，百般苦樂由他人。
今日才知人賤馬，此生苟活怒難嗔。

寫完了，她向蘇軾深深一拜，轉身向一棵老槐樹跑去，竟一頭撞
在了樹身上！

當蘇軾將她抱起來時，她已含恨而死！

原來，這位春娘十分羨慕王朝雲，也暗戀著蘇軾，但她一直將這
份感情藏在心裡，只是蘇軾沒有察覺到罷了。

蘇軾心痛如絞，他本想讓春娘能有個好的歸宿，誰知卻偏偏害了
性子剛烈的春娘，他追悔莫及……

安葬了春娘之後，蘇軾便和王朝雲、蘇過一道，匆匆踏上了沒有
盡頭的驛道。

2

翻過了大庾嶺，天氣便變得熱了起來，路也難走多了，路面上坑坑窪窪，坐在車上，顛簸得渾身酸痛。一路上曉行夜宿，走了半個多月才到了惠州。

聽說蘇軾已抵達惠州，惠州太守占范連忙率領同僚們去驛道迎接，說道：「蘇大人前來惠州，是惠州之幸啊！」

蘇軾連忙說道：「在下係帶罪之身來到貴地，唯恐連累大人和貴地，心中不安。再者，請大人直呼蘇某之名即可。」

占范不以為然，笑著說道：「惠州百姓雖遠離中原，但都知道蘇東坡之名，卻少有人知道大人的名號。下官敬仰東坡學士的學問人品，不知何罪之有。學士能來惠州，不光惠州能旺文脈，後學晚輩也有求學之師了，這是下官求之不得的啊！」

聽說蘇東坡來了，惠州的百姓們紛紛擁到街上，都爭著來看這位早聞其名、未見其人的大詩人。還有些稚童們伸手去摸馬車輪子，一些大膽的孩子還爭著去摸東坡學士的衣袖！蘇軾以為是孩子們在戲鬧，並未在意。占范說道：「當地百姓們已將蘇軾當成了下凡的文曲星，學童們只要沾了文曲星的文氣，長大了就能中進士、中狀元！」說完，哈哈大笑起來。

不一會兒，府衙的掌書記來說：「占大人，接風宴已經備好，請和蘇大人入席！」

占范拉著蘇軾的手，說道：「下官已在官舍設宴為東坡學士接風，因為府衙的同僚們都想見見東坡學士，學士不見怪吧？」

蘇軾：「哪裡、哪裡，罪臣初來乍到，正想多交些朋友以適應惠州風土人情呢。」

這時，猛聽見有人喊道：「子瞻兄！」

蘇軾轉身一看，原來是道士吳復古。只見他身穿灰布道袍，斜背著一柄長劍，風塵僕僕地走了過來。

原來，吳復古是蘇軾的舊友，他雲遊回京後，聽說蘇軾已經貶往惠州，他有些放心不下，便一路打聽著來了，終於在惠州追上了蘇軾。

蘇軾連忙向占范作了介紹，占范說道：「仙長既然是東坡學士的朋友，也就是下官的朋友，同去入席吧！」

三人說笑著，進了惠州衙門。

散席後，吳復古說他要去清風觀看望一位道友，便先走了，占范親自將蘇軾一家送到了合江樓，這是占范特意為他準備的住處。

合江樓在惠州城的東北角上，東江和西支江在這裡合流，站在合江樓上能看到漁船在江上撒網、鷺鷥在船旁邊覓食。江畔荔枝成林，田野裡稻秧翠綠。在山坡上放牛的兒童騎在牯牛背上吹著竹笛，牯牛只管低頭啃著地上的青草，一派迷人的田園風光。蘇軾笑著對王朝雲說道：「朝雲啊，雖然惠州僻遠窮荒，但不失為一處世外桃源」。

王朝雲正在縫補一件淡綠色的褂子，那還是在杭州時王潤之在絲綢店裡為她買的料子、她親自剪裁縫製的，穿起來十分合身，她十分喜歡。但因已穿了多年，又在來惠州的路上磨破了衣袖，有些破舊不堪。蘇軾勸她扔了算了，她捨不得，便找了一塊顏色相近的綢布，一針一線地縫著。她抬頭望了望窗外，說道：「這裡雖不及汴京和杭州，倒也民風純樸、景色宜人，若能定居惠州，也就心滿意足了。」

蘇軾聽了，一下子想起了王鞏的愛妾柔奴。

柔奴本是洛陽一戶大戶人家的女兒，後來家道中落，淪為了歌女，被王鞏納為侍妾。

王鞏因受烏臺詩案的牽連，連降兩級，又被貶往賓州。他家的幾個家妓都離他而去了，只有柔奴願意陪著他去賓州。他的一個兒子死於汴京家中，一個兒子病死在貶所，他有失子之痛，又貧困潦倒，但柔奴一直無怨無悔守在他的身邊，時時安慰著他。四年後王鞏遇到大赦，在回京的路上，特意去黃州看望蘇軾。

蘇軾發現，原來就十分英俊瀟灑的王鞏，歸來時依舊面紅如玉、雙目有神、身體強壯。蘇軾問柔奴：「廣南不是京城，更不是你的家鄉，那裡荒涼貧窮，你在那裡過得慣嗎？」

柔奴聽了，微微一笑，說道：「只要是心安處，就是妾的家。」

蘇軾聽了，大為激動。這句發人深思的話竟出自一位弱女子之口，雖然柔和，卻極悲涼。他曾為柔奴填過一首〈定風波〉：

常羨人間琢玉郎，天應乞與點酥娘。盡道清歌傳皓齒，風起，雪飛炎海變清涼。

萬里歸來顏愈少，微笑，笑時猶帶嶺梅香。試問嶺南應不好，卻道：此心安處是吾鄉。

他對王朝雲說道：「朝雲說的，和柔娘的『此心安處是吾鄉』是同一道理，我們就把心安在惠州吧！」

王朝雲：「老爺的心安在哪裡，妾的心就在哪裡。」說著，又低頭縫補起來。

雖然初來乍到，但到合江樓求見的客人卻絡驛不絕，學子們上門求教「策論」的寫法，禪寺的方丈要求題寫大殿的楹聯，文士們拿來他們的詩作請蘇軾評點、指正……。

有一天午後，蘇軾拿著一隻剛製好的秧馬去村外教鄉親們使用，正沿著東江江岸緩緩走著，見荔枝園裡的荔枝樹上結滿了果子，將樹枝都壓彎了。他想，自己若能積攢些錢，一定要買上幾畝山地，全都種上荔枝！

正走著，聽見身後有人喊道：「東坡居士！」

蘇軾轉頭一看，見一位村姑提著一竹籃剛摘的荔枝走了過來，說道：「這是方氏園中的荔枝，請學士和夫人嘗嘗。」

蘇軾並不認識她，再說，這一竹藍枝要值不少錢呢！他執意不肯接受。

村姑笑著說著：「惠州的荔枝產得多，不值錢，再說，學士肯吃方氏園的荔枝，也是方家的榮耀呀！」說完，將籃子塞在蘇軾手裡，又進園摘荔枝去了。

蘇軾一回到合江樓就大聲喊道：「朝雲，快來嘗嘗惠州的荔枝！」

王朝雲正在樓旁的荒地上鋤草，額頭上沁著汗珠、手上沾著泥土。原來她想開出一片菜地，種些菠菜、白菜等青菜，以節省買菜的錢。她問道：「是老爺買的嗎？」

蘇軾解釋說，是方氏園的村姑送他的。他見王朝雲雙手沾著泥水，便剝了一粒荔枝，塞在了她的嘴裡。

王朝雲說道：「惠州的荔枝又甜又新鮮，真好吃！」她連忙洗了洗手，選了一粒大的荔枝，剝出雪白的果肉，送到了蘇軾的嘴裡。

蘇軾邊吃邊說：「看來，我們比當年的楊玉環還有口福！她雖然也能吃到荔枝，但不知累死了多少馬匹，而且也吃不到這麼新鮮的荔枝！」

王朝雲邊剝荔枝邊說：「可惜潤之姐姐嘗不到惠州的新鮮荔枝了。」

一提到王潤之，蘇軾覺得心裡被什麼狠狠揪了一下。

元祐八年（1093年）八月，就在宣仁太后病重時，剛過了四十六歲生日的王潤之便臥病不起了。她昏迷了兩天之後，終於駕鶴西歸

了。蘇軾便將她的靈柩暫厝於汴京城西的濟惠寺……。

蘇軾見王朝雲一邊流淚一邊剝荔枝，又將剝好的荔枝盛在一隻盤子裡，放在朝北的窗下，喃喃說道：「請潤之姐姐嘗嘗惠州的荔枝。」說完，低聲哭泣起來。

到了年底，參寥大師雲遊到了惠州。說是雲遊，也是為了看望蘇軾，他住在嘉祐寺中。

第二天，蘇軾和參寥、吳復古正在合江樓上小酌時，嘉祐寺主持希固來了。眾人見他渾身濕透，便問是怎麼回事。希固說，因過東江時船小人多，船翻了，幸虧離岸不遠，只是虛驚一場。

蘇軾透過窗子看到了東江的渡口，見待渡的人很多，有人挑著青菜瓜果，有的婦人抱著嬰兒，還有人用竹床抬著待產的孕婦，更多的則是急著趕路的行商，而渡口卻只有兩隻渡船。蘇軾問道：「為什麼不在江上造座橋呢？」

希固：「貧僧就是為這件事來的。」

原來，因東江渡口是惠州通往廣州的要道，每天過江的行人少則數百、多則數千，若遇上風大水漲，往往會翻船人亡。惠州府衙早就有造橋的打算，但庫銀不足，無力造橋。希固想在民間募捐，請蘇軾出面，領頭造橋。

坐在一旁的王朝雲聽了，說道：「修路造橋是辦功德之事，老爺不會推辭的，是吧？」

蘇軾點了點頭。

「妾還剩下一鐲一釵，就請希固大師代妾捐了吧！」

蘇軾深感王朝雲深明大義，便將宣仁太后賜給他的一條犀皮玉帶和一隻金盞交給了希固。希固捧在手中，十分激動，說道：「惠州的百姓忘不了東坡居士！」

占范對造橋一事尤為支持：雖然無力撥錢，卻招募了八十名匠人，又派了三百名營兵參加造橋，一些商戶也都為造橋認了捐。

第二天就在大街上貼出了募捐造橋的告示。

聽說東坡學士為了造橋捐出了皇太后賜給他的外國進貢的寶貝，他的夫人把自己的首飾也捐出來了，大家都奔相走告，也紛紛捐錢捐糧捐工，不到三個月，湍急的東江上就架起了一座石橋，過江的行人再也不為渡江發愁了。

3

造橋期間，占范在松風亭為蘇軾騰出了幾間房舍，供蘇軾一家居住。每天剛剛天亮，蘇軾就領著蘇過去了造橋工地，他雖幹不了力氣活，但為匠人搭涼棚、燒開水等輕活還是能幫上忙的，直到月亮東升，父子二人才回來。橋造好之後，他發現王朝雲的身子比以往瘦弱多了，有時她覺得心慌胸悶、四肢發冷，曾請郎中診過，也服了不少藥物，但病情總是不見好轉。她有時腰痛欲斷，但還忙著為蘇軾父子

漿洗衣服，洗完了便大汗淋漓，半天直不起腰來！蘇軾看在眼裡，痛在心裡。

惠州也有個西湖，雖不如杭州西湖，但湖面開闊，四周林竹茂密、風景秀麗。只是湖上無堤，行人都是淌水過湖，十分不便。松風亭的新居就在湖岸邊，蘇軾常常領著王朝雲在湖畔散步，聽著樹上眾多鳥兒的啼叫、看著湖中捕魚的小船，讓王朝雲開心，以緩解病痛的折磨。她看到野地裡暴露著許多白骨，心中不忍，便收在一起，用土掩埋。蘇軾便建議太守派人四處收集白骨，立墓下葬，還親自寫了一首〈葬枯骨銘〉，刻石哀悼。

有一次，王朝雲指著西湖對面一座佛塔問道：「老爺，那是什麼塔？」

蘇軾說道：「是棲禪寺的佛塔。」

王朝雲癡癡地望著那座佛座，臉上綻出了難得一見的笑容，說道：「那裡真好、那裡真好，要是湖中修座大堤，該有多好……」

蘇軾安慰她說：「待你的病好了，我們乘船過湖，去棲禪寺燒香、拜佛，好嗎？」

王朝雲搖了搖頭，低聲說道：「妾想住在那裡。」

「朝雲想學琴操啊！」蘇軾逗她說道，「我怎麼辦？」

她好像忽然想起了什麼，說道：「誦經的時辰到了，妾要回去誦經了。琴操師父送妾的那部《金剛經》，妾每天都要誦三遍，我們回去吧！」

回到松風亭後，她便跪在神龕前邊，虔誠地誦讀起來。蘇軾發現，她誦經時不斷咳嗽，每咳一聲，瘦弱的身子就顫抖一下，蘇軾心中一驚，他心裡有了一種不祥的預感。

又過了幾天，王朝雲在房後種菜時忽然暈倒了，自此便臥床不起。惠州城裡最好的幾位郎中都來松風亭診過，也服了不少藥，但都不見起色，蘇轍、佛印、黃庭堅、王詵、馬夢得都紛紛寫信來問候她的病情。陳慥還派人送來人參、阿膠、靈芝、魚翅等物讓王朝雲補養身子，但始終不見病情好轉。

病中的王朝雲為蘇軾製作了一頂竹笠，竹笠中開一孔，四周綴著綢帛，既輕便，又透風，人們戲稱這是「蘇公笠」，這種「蘇公笠」很快便在惠州流行起來了！

蘇軾中斷了一切應酬，日夜守在王朝雲身邊，為她熬藥，又將熬好的藥湯一匙一匙餵進她的嘴裡。天熱時，他用汗巾為她擦洗身子；見她昏睡過去，又用葵扇為她輕輕扇風。每當王朝雲醒了，便會緊緊抓住蘇軾的手，半天不肯鬆開。

王朝雲時睡時醒，睡是昏睡，醒是半醒，蘇軾一邊以手指為她梳攏著凌亂的頭髮，一面說道：「朝雲啊，你進蘇家時，剛到『開笄』年紀。二十二年來，跟隨著我吃盡了人間苦楚，王弗和潤之去世後，她們都得到了御封誥命，可你還連個名分都沒有！潤之走了之後，我總想把你扶正，可你就是不肯答應，加之匆匆離京，在途中又貶來貶去，這事都怪我，我對不住你啊！」

王朝雲聽了，連忙說道：「老爺不必自責，這是妾心甘情願的。」

蘇軾又說：「這多年來，你不但為我擔驚受怕，還飽受飢寒之苦。在黃州，你幫我在東坡開荒種麥，到了惠州，還拖著病身開荒種菜，把心血都耗在為全家的一日三餐和縫補漿洗上了，沒有你，我蘇軾就活不到如今，真不知道該怎麼感謝你才好！」

王朝雲吃力地說道：「老爺喜歡在夜裡讀書、作詩，可惜妾不能再為老爺奉茶、牽紙、研墨了……」說到這裡，她顯得十分疲勞，又漸漸昏睡過去了。

蘇軾望了望窗外，見一片陰雲從西北飄來，轉眼之間已遮住了天空，遠處傳來了「隆隆」的雷聲。蘇軾心裡有些焦急，因為蘇過去城裡抓藥去了，至今還沒回來。他走時未戴斗笠、蓑衣，蘇軾怕他在半路上遇上大雨。

這時，王朝雲突然抓住他的手，半天不肯鬆開，蘇軾對她說道：「朝雲，過兒為你抓藥去了，待服了藥之後，你的病也就好了，你放心吧！」

王朝雲睜開雙眼，深情地看著他，嘴唇一扇一扇的，想要說什麼。蘇軾將臉貼在她的嘴邊，說道：「朝雲，你是不是想說什麼？」

王朝雲點了點頭，斷斷續續說道：「妾知道……不能再……陪老爺了，請老爺將妾葬在……棲禪寺邊……讓妾能時時看到……老爺。請老爺記住……」

蘇軾聽了，淚水如注。他大聲說道：「我記住了，記住了！朝雲不要離開我呀！」

半空中閃過一道耀眼的閃電，接著便是一聲震耳欲聾的炸雷。蘇軾連忙用身子護著王朝雲。聽見王朝雲在念「一切有為法，如夢幻泡影，如露亦如電，應作如是觀」。說完，聲音漸漸弱了，也漸漸消失了……。

這是《金剛經》中的四句偈語，也是王朝雲最後在人間留下的話，說完之後便去了她想去的世界。

蘇過冒雨回來了，他一進門就見蘇軾昏倒在床前，便撲過去將他扶起來。松風亭外，狂風呼號、大雨如潑。

聞訊王朝雲病故，占范、希固、參寥等人都趕來了，按當地風俗為她舉行了隆重的葬禮。出殯那一天，惠州城裡來了八千多人，送葬隊伍長達數里，紙錢紛飛，哭聲不絕……。

安葬了王朝雲之後，蘇軾在墳前長跪不起，直到太陽西沉時，蘇過才將他扶回了松風亭。

第二天一大早，蘇過起床時沒看到父親，便直奔棲禪寺而去，他見父親癡癡地站在王朝雲的墳前，連續三天，天天如此。

半個月後，蘇軾漸漸從失伴的陰影中走出來了，為了紀念王朝雲，他在王朝雲的墳前修了一座亭子，又親自命名為「六如亭」，亭上有副對聯：

不合時宜，唯有朝雲能識我。

獨彈古調，每逢暮雨倍思卿。

他又為她寫了〈朝雲墓銘〉，在放置墓誌銘時，他面對土墳，吟哦了一首〈悼王朝雲〉：

苗而不秀亦其天，不使童烏與我玄。
駐景恨無千歲藥，贈行惟有小乘禪。
傷心一念償前債，彈指三生斷後緣。
歸臥竹根無近遠，夜燈勤禮塔中仙。

4

第二年，占范等人又幫蘇軾在白鶴峰修建了新居。他和蘇過搬進新居不久，長子蘇邁攜妻帶子來看望他，同來的還有蘇過的妻子，一家三代同聚一堂，讓蘇軾品嘗到了天倫之樂的真諦。

有一天，他領著全家游羅浮山時，種荔枝的一位老果農認出了領頭造橋的蘇軾，連忙摘了一些荔枝送給他們，一家人便在草地上席地而坐，品嘗荔枝。長孫蘇箪說道：「爺爺，你能作首詩嗎？」

蘇軾笑著說道：「好吧，你聽著！」

羅浮山下四時春，盧橘楊梅次第新。
日啖荔枝三百顆，不辭長作嶺南人。

幾個孫兒聽了，都樂得拍起手來。

從羅浮山回來後，蘇軾連續三天都去了惠州的西湖，他撐著一隻小船，用竹竿不斷測量著水的深度，臉上曬得黑黝黝的，孫兒們問他：「爺爺，你下湖幹什麼？」

蘇軾：「測水深。」

「測水深幹什麼？」

「爺爺要在湖上修一道大堤。」

「修大堤幹什麼？」

「有了大堤，過湖就方便多了。」

孫兒們聽了，便不再問了。

和兒孫們朝夕相處在一起，家裡整天都洋溢著歡聲笑語。三個月後，蘇邁才領著全家人回了宜興，家中頓時安靜多了。

占范來看望他時，順便說起府學的一個老師病了，學生們將要放學回家。蘇軾聽了，便讓蘇過前去暫時代課。白天，他常常站在湖邊，遙望棲禪寺的佛塔；有時也乘船過湖，在王朝雲的墳前逗留半日，輕輕拂去六如亭上的浮塵。晚上，便在燈下讀書，以打發孤獨的長夜。

有一天，他剛剛入睡，忽然聽見有歌聲從湖上傳來，聲調哀婉、斷斷續續。仔細聽去，分明是王朝雲的聲音！他以為這是幻聽，便沒有在意。

又過了一會兒,聽見了一串輕微的腳步聲。他借著依稀的月光,看見一位身穿淺綠衣衫的女子走進房中,默默地站在他的床前。忽然,他看到了她衣袖上新補的補丁,這不是自己日思夜想的王朝雲嗎?他連爬起來,問道:「朝雲,你是從哪裡來的?」

王朝雲幽幽說道:「妾從西湖對面來,老爺體弱多病還常去看妾,妾心中不忍。今後,妾會夜夜都來看望老爺,好嗎?」

蘇軾發現她的衣裙濕漉漉的,嬌小瘦弱的身子不斷地打著寒顫,連忙問道:「為什麼衣服是濕的?外邊下過雨嗎?」

王朝雲:「沒有下雨,妾是淌水過湖的。」

蘇軾聽了,一下子想起了對她說過的修堤許諾,說道:「我要在湖中修一道長堤,已經測過水深了,你和鄉親們就不必再受淌水之苦了。」

王朝雲聽了,高興地笑了。

遠處傳來了一聲雞啼,王朝雲柔聲說道:「妾要回去了,請老爺保重。」說完,一轉身就不見了。

蘇軾醒來,原來是場夢!

第二天,他匆匆去了嘉祐寺,將在西湖修堤的打算告訴了希固方丈。希固很支持,又邀約了逍遙堂、海念院、羅浮院、棲禪寺等十幾座寺廟,共同化緣、募捐。占范還從府衙撥來了治水錢糧,沿湖的百姓紛紛捐工。不久,便擇日動工了。

由於西湖水淺、淤泥不多，加之兩邊都是荒土山墩、取土容易，不足三個月，西湖長堤便修成了！

一天晚上，風雨大作，蘇軾剛剛睡下，王朝雲又悄悄來了。蘇軾見她的衣裙又是濕漉漉的，便問她原因。她說，湖中風大浪急，大堤被沖開了一個大口子，她只好淌水過來。她還告訴蘇軾說，羅浮山上有石鹽樹，葉稀幹直、質地如鐵。若在湖堤兩邊打下九百九十九根石鹽樹木椿，再鋪上泥土、種上蔓草，長堤就不怕浪打水沖了。

第二天，蘇軾把此事告訴希固方丈後，希固立即派人去羅浮山買來石鹽樹，削成木椿，打進了長堤兩邊。自此以後，大堤再也沒有損毀過，那些去西湖對面砍柴的、種地的、走親戚的、燒香禮佛的鄉親們聽了蘇軾做夢的傳說以後，都感念感情專一、心地善良的王朝雲。

蘇軾離開惠州之後，棲禪寺改成了大悲寺，惠州人認定王朝雲就是天上的「散花仙女」，將她供於寺中，歷代香火不斷。

天有不測風雲，又一場文字獄已漸顯端倪。

有一天，惠州的一些秀才們要去參加科考，行前去求教蘇軾。因為求師心切，秀才們去得太早了，蘇軾尚未起床，他們只好在窗外靜候著。

因為修了西湖長堤，蘇軾心裡舒暢，睡得分外香甜。聽到遠處傳來了一陣悠揚的鐘聲後，他連忙下床，邊穿衣服邊吟哦起來：

白髮蕭散滿霜風，小閣藤床寄病容。
報道先生春睡美，道人輕打五更鐘。

蘇軾隨意作的這首〈縱筆〉，很快便在惠州城裡傳開了。

就在蘇軾打算在惠州定居、陪伴王朝雲終老此生時，汴京突然發來詔書：責授蘇軾瓊州別駕，移昌化軍安置！

而引起這場禍事的原因，竟是詩中的「春睡美」三個字！

第二十四章

情滿桄榔庵

1

浩瀚南海，無風三尺浪。一艘既載人又裝貨的大船好像一片樹葉，在洶湧的波濤中起伏著。

蘇軾望著水天相接處，想起離開惠州時，惠州的數千名百姓將他送到碼頭上，他們將香燭插在沙灘上，長跪不起，向著天祈禱他們的東坡學士能再回惠州。

蘇軾總覺得此行不是生離，而是死別。他對蘇過說，他到了儋州的第一件事，就是為自己打造棺木；第二件事，是為自己造一座墳墓！

他行前已聽說蘇轍貶往雷州，便趕到了雷州與其住了五天。蘇轍告訴他說，自己再次被貶的原因是他寫的那首〈縱筆〉。

原來，那首〈縱筆〉先在惠州傳唱，後又傳到了廣州，最終傳到了汴京。

有一天，朝中的大臣們在朝房中候朝時，議論起了元祐大臣們的貶謫之事，翰林學士蔣之奇聽說京城正在傳唱蘇軾的〈縱筆〉一詩，便抄錄下來。他問章惇：「章大人，你覺得這首〈縱筆〉好嗎？」

章惇：「本官不曾看過。」

蔣之奇便將〈縱筆〉呈給了他。

章惇看了之後，葫蘆臉掛著笑容，問道：「這詩寫得頗有新意，也頗輕鬆，不知是誰人寫的？」

蔣之奇：「是蘇軾寫的。」

章惇聽了，好像那首詩上有刺，刺得他臉上發辣，葫蘆臉也一下子拉長了，他的手一抖，詩箋便掉在地上了。

蔣之奇看到這首詩觸動了這位宰相的痛處，便又點了一把火，說道：「沒想到蘇軾到了惠州後，還活得有滋有味呢！」

章惇冷笑著說道：「那就將他貶得再遠些！」

蔣之奇：「再遠，不就貶到海裡了嗎？」

章惇把手一甩，咬著牙根說道：「蘇軾責授瓊州別駕，移昌化軍安置！」

蔣之奇幸災樂禍地說道：「章大人想讓他到孤島上『春睡美』吧？恐怕他這輩子就別想再回來了！」

其實，觸到章惇痛處的並不僅僅是蘇軾的這首〈縱筆〉，在他心裡，還有一個不允許人觸及的禁區。

原來，蘇軾曾聽人說過，章惇的父親章愈年輕時行為不端，他的岳母楊氏早寡，他竟與楊氏私通，生下了章惇。剛生下時，她本想將這個孽種溺死，但楊氏的母親心中不忍，便將這個私生子留下了。於是，楊氏將嬰兒放在一個大盒子裡，送給了章愈。

章愈推算了嬰兒的五行，斷定他長大後能步入青雲、光大門楣，便為他取名「章惇」，又雇了一個乳母，將章惇養大成人，後來果然登第為官。

蘇軾曾作過一首〈送章七出守湖州〉，首聯是「方丈僊人出渺茫，高情猶愛雲水鄉」，章惇認為是蘇軾在嘲笑自己的出身，因而懷恨在心，但又不能言明，所以才對蘇軾下此毒手的！

船在大海中艱難地航行著，蘇軾轉頭望了望來路，來路和去路一樣，都是水天相接、不見邊際。他想，大約此生再也回不到中原了。他想起了一件事，在雷州城外的拱橋旁邊，一個雙目失明的老人拄著一根竹竿，一邊乞討一邊唱著：「當年亦曾揚飛帆，渡海勝似越雄關。道旁老梅垂淚道，古人十去九未還。」老人的歌聲蒼涼悲切，引起了蘇軾的好奇。有人告訴他說，這位老人曾是一位戰將，出征歸來後窮困潦倒，又孤獨一人，流落到了這裡，以乞討為生。

蘇軾聽了，連忙讓蘇過取出一百錢遞給了老人。老人收下後，渾濁的眼裡湧出了淚花。

聽聲音，老人應是黃河以北人氏。他唱的那句「古人十去九未還」讓蘇軾心中一驚，這是一種勸告，還是一種兆示？這句歌詞讓蘇軾想起了唐代詩人李德裕的遭遇。

李德裕是唐武宗的宰相，為相六年，內制宦官、外復幽燕，定回鶻、平澤潞，建樹不俗，李商隱稱他是「萬古之良相」。但他在牛李黨爭中遭到政敵的陷害、打擊，被貶到了海南島，任崖州司戶參軍。他在海南寫了一首〈登崖州城作〉：

獨上高樓望帝京，鳥飛猶是半年程。
青山似欲留人住，百匝千遭繞郡城。

也就是說，從海南到京城，就是一隻鳥兒也要飛上半年時間！可見海南的荒涼和遙遠了。

想到這裡，蘇軾心中雖覺悲涼，但也覺得並不孤獨，自己走的這條路，當年的賢達不也走過嗎？他的心緒便漸漸平靜下來了。

2

剛剛到達儋州，儋州太守張中已率領府衙的官員們在碼頭上等候多時了。

張中也是蘇軾的忠實粉絲。他是開封人，曾當過象山縣丞，他雖然敬仰蘇軾、還聽過他的不少軼聞韻事，但卻一直無緣接觸。今天，老天有眼，這位大名鼎鼎的詩人竟然來到了儋州！他將破舊官舍修葺一新，讓蘇軾父子居住。當晚，又在府衙舉辦了接風宴會。

蘇軾擔心自己的罪臣身份為張中帶來麻煩，便想在民間租賃一間民房，只要能遮風避雨、一日三餐有著落就行了。他將自己的想法告訴了張中，張中聽了，不以為然，說道：「東坡學士能來儋州，是張中之幸，也是儋州百姓之幸。請學士放心，在儋州有我張中之床，學士就有安身之處；有我張中之食，學士就不會餓著肚子！」

蘇軾十分感激這位豪放、率真的儋州太守。

蘇氏父子住下之後，張中又命人按時送來米、酒、菜等物。為了不使蘇氏父子感到寂寞，張中常到官舍看望蘇軾，還與蘇過一起下

棋，切磋棋藝。有一天，他領著幾個年輕人去見蘇軾，對他說道：「儋州屬邊陲蠻荒之地，當地黎胞居多，他們當中很少有人讀書，聽說東坡學士到了儋州，一些後輩都想向居士求教。」接著，他指著身後的兩個後生說道：「這是黎子雲和黎子明兄弟倆，住在城東，雖以種田為業，但十分好學，本官曾向他們粗講過四書，再教本官就力不從心了。請東坡學士將他們收為學生吧！」

還沒等蘇軾答應，兄弟二人已跪下了，連聲說道：「請恩師受學生一拜！」

蘇軾連忙扶起他們，見他們身穿葛布短衫，臉上和手臂上被曬成了黑褐色，腳上穿著木履，顯得十分精神。其實，黎胞平時皆打赤腳，只是在走親戚或拜見長輩、賓客時才穿木履，他們穿木履前來拜師，可見虔誠之心了。

有一天，蘇軾正在為黎氏兄弟講解《論語》，忽然聽見外邊有人問道：「東坡學士住在這裡嗎？」

蘇軾聽了，連忙過去開門。門開了，見有五人跪在門外要求拜師求學，一個叫符林、一個叫符確、一個叫吳翁，都是儋州黎人；另一個年紀稍大一些，叫姜唐作，是從百里之外的瓊山來求學的；還有一個叫葛延之的江陰人，他是渡海前來拜師的。他們怕蘇軾不肯收留，一起跪在門前不肯起來！見蘇軾終於點頭答應了，都十分激動。蘇軾開館教學的消息傳開後，學子們你傳我、我傳他，最後，房裡坐不下了，有的學生就在窗外聽課！

就在蘇軾忙著為學子們授課時，張中匆匆來了。他將蘇軾叫到一邊，悄悄告訴他說，聽說章惇派董必前來海南察訪，現已到了雷州。董必發現蘇轍借住在吳氏的房子裡，說他是「強佔民房」，幸虧蘇轍拿出了租憑契約，才算逃過了一劫。而太守張逢卻被董必抓住了小辮子，指控他先後宴請過蘇軾和蘇轍，又幫蘇轍租賃房屋，還按月接濟酒餺等物。結果，蘇轍被貶往循州安置，張逢則被免職、勒停！看來，董必很快就會到儋州察訪！

蘇軾聽了，十分震驚。他怕因自己而連累了張中，便說道：「我應盡快搬出官舍，租房居住。」

張中說道：「現在租房為時已晚，請東坡居士放心好了，一切由我張中扛著！」

送走張中以後，蘇軾繼續授課。

「山高皇帝遠」這句話，對別人來說也許適用，而對於蘇軾就不適用了，因為他永遠都在朝廷的視線之內。就在他向學生們講學時，遠在汴京的章惇又想起他來了。

按大宋祖訓，雖然不許殺言官和大臣，但可以變通手法而達到目的。章惇為了將政敵置於死地而後快，成立了一個訴理局——專門對政敵進行迫害的機構，朝野定罪的已有八百三十餘人！受害人被捕後遭到嚴刑偵訊、殘酷折磨，有的人甚至遭到釘足、剝皮、拔舌等酷刑！

因為蘇軾沒死，章惇總是念念不忘。紹聖五年二月，章惇、呂升

卿、蔡京執掌朝廷實權，派董必到嶺南察訪，就是想對蘇軾等人趕盡殺絕！

呂升卿是呂惠卿的弟弟，與蘇軾有深仇大恨；蔡京又是追隨章惇而受到重用的，這位董必原在湖南為官，以辦案手段狠毒著稱，在湖南辦案時，曾連逼三名官員斃命！章惇派他到海南察訪，目標是儋州的蘇軾。他雖然無權誅殺蘇軾，但可用李定在「烏臺詩案」的那些伎倆整死蘇軾，以向章惇邀功。

就在他準備渡海到儋州察訪時，彭子民救了蘇軾一命。

彭子民是董必的隨行人員，澤州人氏，由於辦事幹練受到董必的信任。他知道董必到了儋州，蘇軾必死無疑。他對董必說道：「董大人，下官晚上做了一個惡夢，醒了以後還心驚膽顫。」

董必問他：「你夢見了什麼？」

彭子民告訴他說，他夢見一個官員被處腰斬以後，他的五個孩子全都餓死了，死後全都圓睜著眼睛！

他見董必沉默不語，便哭著說道：「董大人，人人都有子孫啊！」

董必聽了，有些害怕。自己追隨章惇已奪了數人性命，更使許多人家家破人亡，已經積怨不少。再說，天下百姓誰人不知蘇軾之名？李定因「烏臺詩案」已惹得天怒地怨、臭名昭彰，自己若去儋州，不是步李定的後塵嗎？但若不去儋州察訪，又難以向章惇交代，於是，

他以張中案子未結為藉口，派彭子民渡海去了儋州。

彭子民到了儋州之後，察看了蘇軾父子居住的官舍，又詢問了張中等府衙的官員，當即下令：朝廷早有規定，不許流人（被貶官員）佔據官舍，應立即將罪臣蘇軾及其子逐出官舍！

不知他是同情蘇軾，還是害怕背上陷害蘇軾的罪名？他對蘇軾在儋州的作品、書信和交往，不多問一字。

張中因向蘇軾提供官舍並給予生活接濟，受到了「衝替」處分。「衝替」也就是免職，另候任命。

張中笑著說道：「衝替更好，下官正想回老家種莊稼呢！」

當天夜裡，蘇軾和蘇過正在燈下讀書，忽然聽見一陣急促的拍門之聲，有人大聲喊道：「趕快開門！」

蘇軾不知道發生了什麼，連忙命蘇過開了大門。

一隊士兵衝進官舍，一個軍官模樣的軍人大聲說道：「我等奉命前來收回官舍，你們應立即搬出！」

蘇過問道：「天這麼黑，明天再搬吧！」

軍官說道：「我等是奉命行事，今晚非搬不可！」

蘇過：「你讓我們搬到哪裡去呢？」

軍官：「搬到哪裡不是我等的事，快搬吧！」

蘇軾知道求情沒有用，因為士兵們只是奉命行事，便對蘇過說道：「過兒，我們這就搬吧！」說完，抱著被子就離開了官舍。

這時，一名士兵將一些書籍抱到蘇軾跟前，低聲說道：「這可是學士的寶貝啊！」說著，將書籍遞給了蘇軾。

士兵們見蘇氏父子搬出了官舍，就算辦完了公差。他們鎖上了官舍大門，便回去覆命去了。

已經是二更天了，天上沒有星星，周圍一片漆黑。老天也不作美，竟淅淅瀝瀝地下起了雨來，雖然雨不大，但不一會兒就將身上的衣服打濕了，需要找個避雨的地方才行。蘇軾朝四周看了看，見不遠處有一片茂密的桄榔林，他對蘇過說道：「過兒，我們去桄榔林裡避避雨。」

二人進了桄榔林，他們將被子、書籍放在一座半坍的茅亭中，又折下幾匹寬大的葉子頂在頭上，擋著雨水。蘇軾笑著說道：「我們沒有淋雨，真要感謝這些桄榔樹啊！」

雨，下了一夜，父子二人也在桄榔樹下站了一夜。

3

聽說蘇軾父子被趕出了官舍，黎子雲等人在桄榔林中找到了他們，不一會兒，姜唐作、葛延之等人也紛紛趕來了。符確看到蘇軾的衣服已經打濕，連忙脫下自己的褂子，披在蘇軾身上，黎子明脫下褂

子遞給蘇過時，蘇過不肯穿。黎子雲說道：「儋州不比中原，這裡濕氣重，容易引發疾病，還是穿上吧！」說著，幫著蘇過換上了黎族的褂子。

黎子雲指著桄榔林對大家說道：「這片桄榔林是我家的公產，我等在林子裡為恩師蓋幾間草房如何？」

他的提議得到了大家的擁護。於是，黎氏兄弟到河邊砍來了毛竹，作茅屋的樑柱；符碻、符林等人爬到高大的椰子樹上，砍下椰葉當瓦；王介石等人送來了竹席、大磚、門窗等物；吳翁的母親在茅屋旁邊搭起了土灶，為大家做飯、燒水。人多力量大，只用了三天時間，便在桄榔林中蓋起了三間茅屋。蘇軾父子不但不愁無房可住了，還可將多餘的房間讓前來求學的學子們居住。

因禍得福。蘇軾望著三大間嶄新的茅屋，十分激動。他在新屋的門額上題寫了「桄榔庵」三個楷字，還撰寫了一篇〈桄榔庵銘並序〉，表示自己願此生住在這裡、死在這裡、死後也葬在這裡的願望。還作了一首〈新居〉，黎子雲等人看了之後，紛紛抄錄下來，該詩很快便在儋州城裡傳唱開了。

桄榔庵蓋好後，大家見庵內空無一物，有的人送來了竹床、竹椅，有的送來了鍋碗瓢盆。砍柴的喬嫂送來了一大捆松明子，讓他們作照明之用；城南的阿寶送來了一隻胖乎乎的小狗，說是讓它為桄榔庵守門。蘇軾見它身子是白的，嘴是黑的，便給它取名「烏嘴」。「烏嘴」特別聽話，蘇軾走到哪裡，它就跟到哪裡；蘇軾睡了，它就一動不動地守在床邊。

建起了桄榔庵以後，黎子雲說，他家雖不算富裕，但有一些田產，還有一個空閒的院子，他建議在院子裡築一座學館，不但可讓恩師在這裡邊以文會友，又可講述中原文化，以教化儋州。於是，大家紛紛捐錢捐物捐工，儋州城裡的一些商鋪和居家的百姓聽說蘇軾要設帳館收徒，有人前來幫忙打井、栽樹，還有人家送來了一些桌椅。已經離職的張中仍然留在儋州，聽到消息後，也挽起衣袖參加和泥、砌牆。眾人搭柴火焰高，僅僅用了半個月，學館便築成了！蘇軾取《漢書·楊雄傳》中「載酒問字」的典故，將學館命名為「載酒堂」。

蘇軾在「載酒堂」設帳教學的消息傳開後，儋州城的學子們紛紛前來拜師求學，「載酒堂」裡整日都能聽見琅琅的讀書聲。

4

張中被免職以後，蘇氏父子的生活頓時陷入了困境。因海南常有強風，海上浪高濤險，船隻被風浪掀翻沉沒之事時有發生。因儋州所需的米糧和生活物品需由大陸運去，一旦遇上大風，海上船隻便會停航。「北船不到，米貴如珠」，一旦停航，糧食便成了人們的大事。

參寥和尚曾想渡海去看望蘇軾，蘇軾連忙給他寫了一封信，說「此間食無肉，病無藥，居無室，出無友，冬無炭，夏無寒泉」，勸他不要來儋州。

如今雖然有了桄榔庵，築了「載酒堂」，有地方遮風避雨、與友交往，但因缺少糧米，讓他們吃盡了苦頭。

初到儋州的秋末，海上連續刮了幾場大風，大陸的船隻停航數十日，蘇氏父子的糧米已顆粒不剩了。最初幾天，餐餐都以山芊充饑，開始是吃蒸山芊，幾天後改吃煮山芊、烤山芊，最後作成山芊粥，蘇軾還取了一個誘人開胃的雅名：玉糝羹！名字雖然好聽，但卻代替不了糧食！由於營養不足，蘇軾的身體日見虛弱，感到走路十分吃力，便整日在桄榔庵裡讀書，或根據嵇康的《養生論》每天修煉「龜息法」，以轉移自己的注意力，減輕飢餓的折磨。

有一天，蘇軾正在練習道教的「辟穀功法」，忽然聽見叩門之聲，原來是符林來了。他端著一缽熱湯，對蘇軾說道：「學生煮了一缽肉湯，請恩師和公子趁熱喝了，以補養身子。」

這真是雪裡送炭！蘇軾接過湯碗，見碗中冒著熱氣，湯中的南瓜和瘦肉已經煮爛，便喝下去了。

符林問道：「這湯的味道鮮嗎？」

蘇軾：「鮮倒是挺鮮的，不知是用什麼肉煮的？」

符林：「是用老鼠肉煮的。」

蘇軾聽了，驟然覺得胃裡翻江倒海一般，但他強忍住了，沒有吐出來。

符林見他喝了肉湯，十分高興，說道：「過幾天，學生再去抓幾隻蝙蝠，為恩師煮湯，蝙蝠湯比老鼠湯更鮮！」

原來，海南的黎胞認為鼠肉南瓜湯能補養身子，這是符林忙了一夜、特意捕到了幾隻肥壯的老鼠，煮成了這缽鼠肉南瓜湯！

符林走了以後，蘇軾發現路邊長滿了蒼耳。他知道蒼耳有微毒，不過只要煮熟，毒性就沒有了，蒼耳性溫，味甘苦，有散風去濕之效，可治濕痹等病。他想，若將蒼耳做成菜肴、配著山芋，就不難吃了。於是，他和蘇過摘了四大筐蒼耳，煮熟後去皮，炒成了杏仁般的菜肴，味道果然不錯，父子二人終於吃了一頓山芋配蒼耳的飽飯。

第二天一大早，蘇過要去摘蒼耳，剛一開門，見門前的桄榔樹上掛著一塊新鮮鹿肉，連忙回去告訴了蘇軾。蘇軾想知道是誰送來的，以便感謝人家，但一直沒打聽出來。

原來，是黎寨的一位獵人在山上打獵時獵到了一隻野鹿，他割下一塊最好的鹿肉，連夜送到了桄榔庵。

在海上打魚的阿金送來了半筐海蠣。蠣，就是附生在礁石上的牡蠣，敲開外殼後，裡邊的蠣肉又鮮又嫩，父子二人將海蠣煮熟後，吃了一頓豐盛的海鮮大餐！

蘇軾見家中的山芋快吃光了，他打發蘇過去摘蒼耳，自己便去集市上購買山芋。他頭戴方巾，身穿布衫，在熙熙攘攘的人群中走著，一位中年男子挑著一擔木柴走到他的身邊，朝他打量了一會兒便放下擔子，一把拉住他，問道：「請問先生，你就是東坡學士嗎？」

蘇軾點了點頭，說道：「在下就是，請問——」

漢子顯得激動起來，說道：「我叫黎子維，是個砍柴的。」說著，解開了一個小包袱，裡邊有一塊色彩鮮豔的布料，要送給蘇軾。蘇軾聽不懂他說的黎語，更不肯收他的布料。漢子急得快要哭起來了，周圍趕集的人也都圍攏過去，想知道是怎麼回事。

這時，王介石扛著半袋米走過來，他本是去給蘇軾送米的，見桄榔庵鎖著大門，便到集市上來找，果然讓他找到了。他連忙擠進人群，問過漢子後，才弄明白了。原來，黎子維早就聽說過中原有個大詩人叫蘇東坡，心中十分敬仰，後來聽人說，蘇東坡被奸臣貶到了儋州，還被奸臣趕出了官舍，衣食無著。他心中十分難過，他的妻子善織黎胞的吉貝布，她說：「我織一塊最結實最好看的吉貝布，你去集上賣柴時，一定找到蘇東坡將吉貝布送給他，好讓他過冬之用。」黎子維很幸運，一到集市上就遇到了蘇東坡，他請王介石幫忙勸勸蘇東坡，讓他一定收下吉貝布。

蘇軾聽了王介石的解釋之後，心潮起伏難平。自己以罪臣身份來到儋州，黎族父老兄弟姐妹們對自己如此關愛，黎子維夫婦雖然不識文字，卻時時記著自己，這才是人間的真情呢！他雙手接過吉貝布，朝黎子維深深施了一禮。

黎子維有些靦腆，憨厚地笑了。

離開集市後，蘇軾和王介石路過一家炸饊子的小店時，見小店偏僻，生意十分冷清。這時，忽見一位阿婆從店中走出來，伸開雙手攔住了他們，說道：「你就是東坡學士吧？求求學士幫幫小店。」

蘇軾以為是要他買饊子，便笑著說道：「在下身上並未帶錢，待日後再來寶店買饊子吧！」

阿婆說道：「不是買饊子，是請學士為小店寫幾個字，就算幫了小店的大忙！」說完，便將二人硬拉進了店裡。進了店門，一位年輕

女子已在案板上擺好了紙筆墨硯，那是她的女兒阿尼。

蘇軾問道：「老妹子，你想讓我寫什麼呢？」

阿婆：「只要是東坡學士寫的，寫什麼都行！」

蘇軾看了看剛剛炸出的油饊子，便揮筆寫下：

纖手搓米玉色勻，碧油煎出嫩黃深。
夜來春睡知輕重，壓扁佳人纏臂金。

這四句詩將油饊子的製法和色香味都寫出來了。

蘇軾臨走時，阿婆拿了一大包油饊子送給蘇軾，蘇軾不收，還是王介石勸他收下的。

阿婆並不識字，她將蘇軾的這首詩貼在了店門上。人們聽說蘇東坡為油饊子題了詩，都紛紛前去購買，阿婆的小店的生意立即紅火起來了。

蘇軾事後才知道，阿婆聽一位中原的客商說，杭州一位秀才的摺扇賣不出去，蘇軾在上面寫了幾個字，不但全賣光了，而且價錢倍漲！於是，阿婆才將蘇軾「劫持」進了他的小店。

這位阿婆頗有商業頭腦，因為蘇軾的這首詩就是絕妙的廣告詞！

5

儋州城裡有一座寧濟廟，廟中既不供奉佛祖也不供奉天師，只供奉著冼夫人。每年二月，黎漢各族百姓都在廟裡舉行盛大祭祀，以紀念這位幗國英雄。

蘇軾十分敬仰冼夫人的豐功偉績和高風亮節，他一大早就去了寧濟廟，虔誠地跪在冼夫人塑像之前頂禮膜拜，又應黎族族長之請，作了一首〈和擬古〉。剛走出濟寧廟，見前來祭祀的人群從四面八方擁到了廟前，他們點燃香燭、放起鞭炮、敲鑼擊鼓，還身穿古裝，演繹當年冼夫人英勇殺敵的場景。最後，還要抬著冼夫人的神像，去巡遊各個村寨。

這時，蘇軾忽然被王介石拉住了，他是來找他的兒子王小虎的。

王介石將王小虎送到「載酒堂」讀書，他都翹課三次了！聽說濟寧廟有廟會，他又翹課了！

王小虎只有十三歲，既聰明，又頑皮，能下河摸魚、會上樹捉鳥、挖洞捉蛇，還敢偷吃人家的甜瓜！王介石拿他算是沒有辦法了。他派出好幾個人到處尋找，好不容易才在人群中找到了他，逼著他回去讀書。他害怕父親揍他，便說道：「只要東坡學士贏了我，我就跟他回去讀書；若贏不了我，就由我在外邊遊玩。」

王介石氣極了，舉起巴掌就打，蘇軾連忙將他拉住了，笑著對王小虎說道：「好嘛，可不許反悔呀！」

王小虎看了看站在一旁的王介石，發誓說道：「要是反悔，就打屁股！」

第二天，王介石牽著王小虎去了載酒堂。載酒堂的學子們聽說王小虎又被逮回來了，都圍過去看熱鬧。

不一會兒，蘇軾戴著他那頂用椰子殼做的帽子、穿著木履，來到了載酒堂。他坐在一張竹椅上，搖著葵扇，等王小虎來考他。

王小虎朝蘇軾看了看，見他臉上並無慍色，膽子便大起來了。向蘇軾行過禮之後，說道：「學生聽說老師才高八斗，天下人沒有不服的，對吧？」

蘇軾望著這個虎頭虎腦的調皮鬼，笑著說道：「王小虎，你想問什麼就直接問吧，不要拐彎摸角了。」

王小虎眨了眨眼，說道：「老師若能按學生說的作出一首詩來，學生就不再翹課了；要是作不出來，就讓學生出去玩耍，行嗎？」

蘇軾不知道聰明透頂的王小虎在玩什麼花樣，便說道：「好啊，你就出題吧！」

王小虎指了指載酒堂前面的水塘，塘邊有一隻白鶴在覓食，說道：「老師就吟這只白鶴吧！」

蘇軾以為他會出多難的題呢，沒想到是吟眼前的白鶴！他稍作思索，便信口吟道：

頭戴紅帽著白衣，立在塘邊啄白米。

正待再吟下面兩句時，王小虎突然說道：「請老師等一等！」說著，打開了一個瓦盆的蓋子，說道：「請老師接著吟吧！」

蘇軾朝瓦盆中一看，見瓦盆裡有一隻半死不活的烏鴉！他笑了笑，又吟出了後邊的兩句！

只因貪食歸來遲，誤入義之瀚墨池。

王小虎本以為自己的惡作劇一定能難倒自己的老師，沒想到老師吟的詩不但合情合理，而且順口、好聽！他連忙跪在地上，大聲說道：「王小虎再也不敢翹課了，請恩師收下王小虎作學生吧！」

王介石和周圍看熱鬧的學子們都忍不住大笑起來。

自此以後，王小虎不但不再翹課，還能背誦《詩經》、《禮記》等書。消息傳開後，不少人家都爭著將孩子送到載酒堂從學東坡學士。

6

第二天午後，蘇軾正在桄榔庵裡午睡，一群種田的漢子打著赤腳前來告狀，他們說，在野馬嶺上有一群野馬，常在夜間出來糟踐莊稼！他們來求蘇軾，幫他們懲罰野馬，保護那裡的莊稼。

野馬？哪裡來的野馬？他覺得有些奇怪。

種田漢子們告訴他，儋州城東的野馬嶺上土質肥沃、田地平整，年年莊稼豐收，誰知自今年以來，那裡的莊稼常常遭到踐踏。他們最初以為是山獸所為，便邀集了一些人，躲在旁邊的林子裡準備捕捉。到了半夜，忽聽一陣馬匹的嘶鳴之聲，不一會兒，見一群野馬正在山坡上啃食莊稼！當他們跑出來捕捉時，野馬們又呼嘯而去，被踏踐的莊稼地裡留下了許多馬蹄印子！

第二天、第三天又去捕捉，野馬都聞聲而逃了。

有人說，不捕獲這群野馬，莊稼就沒有收成！

有人說，這是一群天上的龍馬，因馬廄未關好，它們才偷著跑出來啃食莊稼的。

也有人說，東坡學士是天上的文曲星下凡，只要他肯出面，那些野馬便不敢再來糟踏莊稼了！於是，他們才來求蘇軾的。

蘇軾答應了他們。太陽落山後，一行人悄悄躲進了林子裡。

三更剛過，果真聽見有馬群的奔馳之聲，借著天際的星光，看到野馬嶺上有一群野馬的影子。於是，他們舉著鋤頭，拿著麻索向野馬嶺上衝去，待衝到跟前時，卻什麼都沒看見，只看見了留在地上的馬蹄印！

蘇軾沿著馬蹄向前尋去，尋到山頂時，馬蹄印不見了，只看到一些岩石橫臥在草叢裡。蘇軾有些納悶兒，難道這些石頭就是禍害莊稼的野馬？

他想起了一個傳說。當年韓愈從京城貶到潮州任刺史時，潮洲水多，鱷魚氾濫成災，常常吞食雞鴨和牲畜，甚至傷害去水邊洗衣的婦人。百姓們既恨又怕，卻又拿它們沒有辦法。韓愈便寫了一篇〈祭鱷魚文〉，站在河邊上誦讀了一遍，從此之後，鱷魚們都遷游到海裡去了。於是，他讓人取來麻索，將嶺上的每塊石頭都緊緊拴住，又在嶺上焚香禱告，誦讀了他寫〈祭野馬文〉：

石馬無蹄出府州，神仙遺下幾千秋。
狂風蕩蕩毛不動，細雨霏霏汗直流。
芳草萬堆難下口，鋼鞭硬打不回頭。
牧童牽也牽不動，天地為欄夜不收。
……

不知是不是他的祭文驚動了天上管理龍馬的官員，當天夜裡，野馬嶺上電光耀眼、雷聲震耳、大雨傾盆。第二天，人們到野馬嶺一看，見原先臥著的岩石一夜之間都立起來了，變成了一匹匹狀若駿馬的岩石！再細細看時，能依稀看到馬身上有麻索的痕跡！

自此以後，野馬嶺上便太平了。

東坡學士寫詩祭龍馬的傳說很快便在儋州傳開了，不少人還特意爬上野馬嶺，去看那些被麻索拴住的石馬！

7

到載酒堂求學的人越來越多了，除了少年稚子之外，還有不少想

考取功名的年輕人。蘇軾感到從大陸帶來的書籍太少了，除了柳宗元、陶淵明的文集之外，經典書籍奇缺。再說，為了教學，他正在編寫的《書傳》、《詩經說》、《易傳》等也需要閱讀各種書籍。於是，他寫信給惠州的朋友鄭清叟，向他借書。

有一天，他和蘇過正在桄榔庵裡燒松枝收集煙塵，準備製作松墨，鄭清叟忽然來了！原來，他在惠州籌集了一千多冊圖書，託惠州的貨船運到了儋州，他還隨船為蘇軾帶來了一罐酒。

蘇軾大喜過望，他連忙命蘇過和學子們去碼頭搬運書籍，又置辦了幾個小菜，招待這位遠道而來的朋友。

鄭清叟看到他戴的椰殼冠，告訴他說，現在惠州的女子們都非常喜愛「涼帽」，也就是當年王朝雲設計的那種斗笠。尤其是去朝拜散花天女時，不論老幼，人人都戴這種「涼帽」。

蘇軾離開惠州後，人們傳說王朝雲是下凡的散花天女，現在她已回到了天庭。於是，人們在她的墓旁修了一座散花天女廟，成千上萬的惠州女子頭戴她發明的「涼帽」，虔誠地前往拜祭。

蘇軾聽了，感慨萬千。他想，若能回到惠州，第一件事就是去拜祭散花天女。

鄭清叟還告訴他一個消息：惠州城裡都在傳說，哲宗皇帝病重，已經不能上朝理政了！

蘇軾聽了，半天無語。

這天晚上，他做了一個怪夢，夢見韓琦騎著一隻白鶴到了合江樓，對他說：「天帝命我管領天上重大曹事，故來相報，你不久即可回到中原。」

醒了之後，他反覆琢磨，當過自己學生的宋哲宗春秋正盛，卻又意氣用事；而堅持「獨元祐臣僚不赦」的章惇、蔡京等人依然把持著朝政，自己怎麼可能重返中原呢？

轉眼到了來年正月，吳復古再次渡海到了儋州。他見面的第一句話就是：「東坡學士，汴京將有變故，你返回中原的日子快要到了！」

孔子的「有朋自遠方來，不亦樂乎」這句話，讓身在天涯海角的蘇軾有了不同常人的感受。

自章惇等人掌權以來，不論文友、學生，凡與蘇軾親近的人都遭受到了禍殃，而蘇門的前後八位學士不是被免職，就是被貶官。他們身繫編管，難能見面。巢谷回到眉山後，時時惦念著蘇軾。他雖已年越七旬，卻不顧親友們的勸告，決心徒步萬里，到儋州看望蘇軾！他先去循州看望了蘇轍，蘇轍見他年紀大了，不宜渡海，勸他不要去儋州。他笑著說道：「不見到子瞻，我是不會死的！」

蘇轍知道勸阻不了他，便設法為他湊了些路費，他便獨自上路了。

當他到了新會時，一個叫江二福的竊賊偷走了他的行李和盤纏，他十分氣惱。後來聽說江二福被新州的捕快逮到了，他便匆匆趕去，

想追回自己的行李和盤纏。由於趕路匆匆、勞累過度，竟病死在新州的客棧裡了……。

當天晚上，他和吳復古徹夜長談，吳復古將他在京城的所見所聞詳細告訴了他——

宋哲宗元符三年（1100年）的正旦，是大宋開國以來最為淒涼的一次正旦。往年的這一天，皇帝要在御正殿接受文武百官和外國使節的賀禮，稱為大朝；朝廷還要宴請百官，以示皇恩。

今年的正旦，當文武百官和外國使節在殿外等待時，二十五歲的哲宗皇帝已經昏迷不醒了。

皇太后向氏貼著他的臉問道：「皇兒以為，誰可以繼承大統？」

宋哲宗雖能聽懂母后的問話，但已經無力開口了，淚水不斷地從眼角淌下來。

向太后又問：「能繼承大統的，只剩下皇兒的九弟、十一弟、十二弟和十三弟了。皇兒若不能言語，可伸出指頭表示。」

宋哲宗只是木然地望著向太后，也許連伸指頭的力氣都沒有了，他又昏睡過去。

向太后知道，哲宗皇帝的日子已經屈指可數了，她立即召集章惇、曾布、蔡京、許將等重臣商議立儲之事，誰知還沒等到立儲，宋哲宗已於正月初八駕崩了！

一國不可一日無君，向太后只好連夜召集輔政大臣商議立君事宜。她哭著說道：「大行皇帝未遺子嗣，由誰繼承大統關乎社稷大事，特召來諸位愛卿共議此事。」

　　開始時，大家都未開口，顯得十分哀傷。

　　向太后又將立君的範圍作瞭解釋，她說：「按照大宋宗法，長子立嫡，但我無子，諸子都是先帝神宗皇帝的庶子，所以，由誰繼承大統，不分嫡庶，可在先帝諸皇子中擇賢而選。」

　　第一個開口的是章惇，他說：「太后聖明，為了大宋的社稷，臣以為，燕王率直穩重、有治國之才，應立燕王。」

　　曾布聽了，連忙反對，他說：「燕王平素迷戀擊鼓、醉心遊玩，難能擔當治國大任。臣以為，應立端王！」

　　蔡京和許將也都同意立端王為帝。

　　章惇聽了，又提出新的主張：「臣以為，應當立申王，因為按照宗法，應擇長而立，申王比其它幾位皇子都要年長。自古以來，就有『兄終弟及』的繼承之例，太祖就是立弟繼承大統的。」

　　向太后聽了，說道：「申王雖然年長，但他失去一目，此是大憾，無法補救。君臨天下，要接受群臣和外國使節晉見，故而君王容顏不可輕視。」

　　蔡京、曾布、許將都傾向太后的意見，一致同意立端王為帝。

一向有恃無恐、說一不二的章惇見大家都擁戴端王，也看出了向太后已有立端王的意圖，心中十分不快。他又提出，應立簡王為帝，他說：「簡王年僅十五歲，但他自幼聰慧過人，且天庭飽滿、有貴人之相，勝過其它皇子，應立簡王為帝！」

　　但蔡京等還是堅持要立端王為帝。

　　章惇有些惱火，說道：「臣知道端王聰明、長相端正且有文采，但他行為不端，逗留市井、跑馬踢球，尋歡作樂、問花尋柳。一國之君應心有社稷，才能安邦治國。臣斗膽坦言，端王難勝此任！」

　　他說得慷慨激昂、也頗有分量，大家聽了，都沒說話。

　　章惇在宦海中沉浮多年，他知道自己目前已處於劣勢，但還是堅持反對端王即位。這倒不是他看清了端王的品行、怕給大宋王朝帶來災難，只是想在朝廷中維護自己的權威！

　　向太后最後說道：「端王平日貪玩屬實，他年紀尚輕，可以原諒，但他的文采、面貌、孝悌，皆勝過其它皇子。先帝曾說過，端王面相福泰、孝順，就在大行皇帝彌留之際，我曾問過誰可繼承大統，他伸出了二指，本意是十一皇子端王。」她頓了頓，口氣變得強硬起來，繼續說道：「我以為，立端王為帝，既是先帝遺願，又是大行皇帝的心願，我不敢有違於先帝和大行皇帝。眾位愛卿還有話想說嗎？」

　　大家聽了，連忙跪下，齊聲說道：「太后聖明，應立端王，即請頒詔天下。」

章惇雖然心中不滿，但看到向太后下了口諭，知道已不可更改，也就再也不敢堅持了。他跪拜了向太后之後，便冒著刺骨的朔風回府了。

　　這位老太太的一句話不但決定了誰是大宋的「天子」，也決定了已有一百六十四年的北宋王朝就由這位端王也就是宋徽宗畫上一個句號。

　　假若當年向太后不說話，假若章惇的意見佔了上風，或許中國歷史上就不會發生「靖康之難」。

　　不過，歷史畢竟不是假設。

　　宋徽宗即位後，先大赦天下。

　　接著，諸多變故接二連三地從汴京傳出來。章惇被封為申國公，韓忠彥為尚書右僕射兼中書侍郎，還起用了一批被貶的元祐大臣。黃庭堅、晁補之、張耒等得到了重新任職，秦少游也奉命放還。緊接著，蘇軾奉命徒廉州，蘇轍徒岳州……

　　蘇軾將要離開海南的消息傳開以後，儋州的百姓一群接一群趕往桄榔庵，送去了家釀的米酒、椰幹、鮮魚和雞鴨等物為他送行。載酒堂裡，蘇軾剛剛為學子們講完〈作文之法〉，院子裡已擠滿了前來送行的士子文友們。在儋州城的大街小巷，許多人都在談論東坡學士的故事，吟哦著他的詩詞。中原的一位墨商見了，感嘆不已，他說，在懸於海外的儋州，婦孺們不知當下天子為誰，卻都知道東坡學士！

第二十五章

巨星殞落

1

在宋徽宗即位之初即有傳聞，蘇軾將回中原。但到底是在京城還是在郡州？將任何職？卻猜測不透。有的說，蘇軾回京後仍任翰林學士兼侍讀；有的說，可能會任禮部尚書；還有的猜測，他會拜為宰輔之職。

元符三年（1100年）六月，詔書終於送達儋州：蘇軾以瓊州別駕，廉州安置，不得簽署公事！

這一結果，朝野都不曾料到。

其實，有不少官員曾經上書宋徽宗，建議重用蘇軾、蘇轍，但宋徽宗已受章惇、呂惠卿等人的影響，認為蘇軾是元祐黨爭中的領袖之一，不宜重用，甚至認為多次推薦過蘇軾的諫官張廷堅是受了別人的指使，竟將他貶到陳州任通判去了！

回到中原擔任何職已引不起蘇軾的多大興趣了，眼下他最難割捨的就是儋州的百姓們。他將自己用了多年的一方古硯和熬製的松墨等值錢的物品，打發蘇過到城裡賣了，買回了酒菜，辦了一大桌豐盛的菜餚，將友人和學子們請到桄榔庵裡，由吳復古作陪，黎漢師生歡聚一堂，作辭別之宴。正當大家開懷暢飲時，姜唐作從瓊山老家匆匆趕來，將一幅畫送給了蘇軾，說道：「承蒙恩師教誨數年，學生無以為報，只作了一畫，以表學生之心。」

眾人展開畫軸，見畫上有位老者，頭戴竹笠、腳穿木履走在雨中，畫上有款：〈東坡笠履圖〉。

眾人都說此畫畫得傳神，把東坡學士畫成黎人了！

姜唐作跪在地上，懇求蘇軾在他的一柄摺扇上題上一詩。蘇軾展開摺扇，在扇面上寫了「淪海何曾斷地脈，珠崖從此破天荒」兩句便放下筆，對他說道：「待你日後及第進士時，我再為你續寫後邊的詩吧！」

姜唐作說道：「學生一定不忘恩師的諄諄教誨。」說完，拜了三拜，將摺扇珍藏起來。

姜唐作不負蘇軾的期待，後來他先在廣州鄉試時中舉，成為海南的第一個舉人，又赴京應試，成了海南的第一位進士，符確等十多位學子也先後考中了舉人或進士。不過，那時蘇軾已經謝世了，摺扇上的續詩還是蘇轍代作的。

第二天，人們從四面八方趕來，將蘇氏父子送到了海濱。王小虎等年紀較小的學子們牽著蘇軾的衣角，臉上帶著笑、眼裡含著淚，難分難捨。

蘇軾的眼裡也有了淚花，他忽有所悟，大聲詠道：

我本儋耳人，寄生西蜀州。
忽然跨海去，譬如事遠遊。
平生生死夢，三者無劣優。
知君不再見，欲去且少留。

在人們的祝福聲中，航船離開了碼頭，向大海漸漸馳去。

王小虎發現，那只「烏嘴」臥在沙灘上，不斷地朝大海「汪汪」地叫著。他連忙抱起「烏嘴」，抹著眼淚，一步一回頭地離開了海灘⋯⋯。

2

大宋的天下很大，但也很小。

宋徽宗即位後，大臣們先後上書，揭露章惇奸邪惡毒、久竊朝柄、迷國欺上、大施淫威、圖謀以私的罪行，於是，被宋徽宗罷了他的宰相之職，貶為武昌軍節度使，居澤州。言官們仍窮追猛打，一再彈劾，最後將他貶為了雷州司戶參軍。

當年他因「春睡美」三個字將蘇軾貶到海外時，蘇軾曾路過雷州。今天，蘇軾返回中原，再次路過雷州，而章惇卻被貶來雷州！這雖是巧合，也是天意！

雷州太守和秦觀等人已早早地等候在碼頭上了。蘇軾看到秦觀身骨瘦弱，滿頭烏黑的頭髮已成了一團灰白的枯草，原本明亮有神的眸子已遲鈍渾濁。當年英俊瀟灑、人見人愛的詩人怎麼變成了一個木訥蒼老的小老頭了？這都是受了自己的連累造的孽啊！他心裡十分愧疚，拉著秦觀的手進了雷州城。

雷州太守當晚設宴招待蘇軾，席間，一位歌妓先唱了幾首嶺南小曲，接著，一位歌妓彈著焦尾琴，唱道：

天涯舊恨，獨自淒涼人不問。欲見迴腸，斷盡金爐小篆香。
黛蛾長斂，任是東風吹不展。困倚危樓，過盡飛鴻字字愁。

蘇軾一聽，這不是秦觀在郴州寫的〈減字木蘭花〉嗎？

她剛唱完，又一位歌妓走到秦觀跟前，施禮說道：「小女子求秦
公子填的詞，不知填好了沒有？」

秦觀聽了，從懷裡取出一張詩箋遞給了她，她略微看了一遍，便
笑著收起了詩箋。

原來，秦觀貶到雷州之後，窮困潦倒，不但衣食無著，還無安身
之處。雷州的歌妓聽說他是一位才子，尤善填詞，所填之詞詞美韻
雅、十分好聽，便紛紛請他填詞，以唱給客人們聽，深受客人讚揚。
作為回報，歌妓們湊錢為他租了房子，還供他吃飯，他病了又為他請
來郎中診治。他雖在長袖粉黛之中打發著日子，卻時時懷念自己的恩
師，有一肚子的話想說給恩師聽。他見蘇軾瘦骨嶙峋又雙目幾近失
明，心中十分難受。他端起酒杯，說道：「學生惟怕見不到恩師了，
曾經為自己作了一首挽詩，如今見了，已心滿意足了，學生敬恩師一
杯！」

蘇軾覺得他過於傷感了，心想，應好好勸一勸他，使他振作起
來。

第二天，隨船來的吳復古要去雲遊嶗山，蘇軾將他送出城門後，
蘇軾問秦觀：「你知道章惇住在哪裡嗎？」

一提章惇，便勾起了秦觀心中的仇恨，他問道：「恩師問他做什麼？」

蘇軾：「我想去看望他。」

秦觀：「他是個沒有人性的人！全雷州的人沒有一人看得起他，恩師何必去看他呢？」

蘇軾：「他畢竟是我四十多年的老朋友嘛，再說，我也恰巧路過雷州，他對我不仁，我不能對他不義，理應前去看他。」

秦觀：「遠的不說，他將恩師貶到惠州，是仁嗎？因為恩師寫了一句『春睡美』，又將恩師貶到了海外，這是仁嗎？還有，他派人去了儋州，將恩師從官舍趕進了桃榔林裡，這是仁嗎？」說到這裡，他指著一戶人家說道：「章惇剛到雷州時，雷州府衙不許他住官舍，他想租劉太婆的空閒房子，劉太婆堅決不肯出租，還說：『我租房給你住，雷州百姓的唾沫準能淹死我！』說完，連忙關上了大門！」

正說著時，一名中年男子匆匆走來，走到了蘇軾跟前時，「撲通」一聲跪下了，說道：「學生章援拜見恩師，並代家父向恩師謝罪。」

章援？蘇軾仔細一看，跪在自己面前的果然就是章援！與在杭州任通判的那個章援相比，簡直判若兩人！他一臉憔悴、雙眉緊鎖，身上的衣裳也是皺皺巴巴的，只是身軀依然壯實，個頭也高，像他的父親。蘇軾連忙將他扶了起來，章援看到了身邊的蘇過，說道：「恩師顯得老多了，蘇過弟弟跟著恩師受苦了！」說著，緊緊拉著蘇過的手，說道：「我和蘇過弟弟已有多年沒見了。」

蘇過說道：「已有十四年了。」

章援看了看秦觀：「這位是——」

蘇軾說道：「他是秦觀。」

章援聽了，連忙施禮，說道：「久聞秦大人之名，也敬慕秦大人之才，今日得以相見，是章援之幸。」頓了頓又說：「在下也替家父向秦大人謝罪。」說完，跪地而拜。

秦觀沒好氣地說道：「提起你父親，我恨不得咬他幾口！恩師和他的學生友人們，多少人被罷官貶職？多少人妻離子散？多少人含冤九泉？你能代得了嗎？」

章援聽了，低頭不語。

大街上的行人不知道發生了什麼，紛紛圍過來看熱鬧。蘇軾對章援說道：「各人有罪各人擔，你起來吧！章大人現在住在何處？」

章援朝城樓的戍樓指了指，低聲說道：「家父就住在那裡。」

蘇軾連忙說道：「快在前面引路，我要去看他。」

章援遲疑了一會兒，便領著他們去了戍樓。

其實，章惇聽說蘇軾已被大赦，即將還朝，以為他還朝之後必任要職，甚至會拜為宰相。若他對自己以牙還牙，簡直易如反掌！所以，聽說蘇軾將要路過雷州後，便讓章援在大街上等候著，一是讓他表達對老師的知遇之恩；二是向蘇軾求情，請他手下留情。

這座戍樓已失修多年，門缺窗破、四面透風，只是可遮雨而已。蘇軾一到門口，就大聲喊起來了：「子厚兄，你可好啊！」

城樓裡沒有人應聲。

進去看時，見磚地上鋪著一張竹席，旁邊堆著衣物、被子。一些碗箸等用品放在窗臺上，牆邊有磚塊壘成的爐灶，灶上有一隻鐵鍋，牆上被煙燻得漆黑一片。

章惇到哪裡去了？蘇軾望著章援，章援也覺得奇怪。今天一大早，他還催著章援去拜見蘇軾，為什麼蘇軾上樓來看他時，他卻不見了呢？他一下子明白了，原來父親心中有愧，已無臉面見到故人，才躲出去了！他對蘇軾說道：「家父舊疾復發，大約是下樓求醫去了。」

蘇軾：「子厚患的是何症？」

章援：「雙腿麻木，不思飲食。」

蘇軾安慰他說：「我有一藥方，可治此疾。」說著，接過章援遞來的筆，將藥方寫在了紙上。

章援雙手接過，嗚咽著說道：「恩師之德，學生永生不敢忘記！」

秦觀本來就不想上樓，看到章氏父子的住處像個狗窩，感到一陣陣噁心，便說道：「恩師，我們下樓吧！」

蘇軾點了點頭，對章援說道：「我與子厚相交多年，雖然中間有過不快，但畢竟都已過去了。待明日我再來拜訪吧！」說完，由秦觀和蘇過挽扶著下樓去了。

走到石梯轉彎處，見地上曬著一堆穀草，三人路過時，蘇軾無意踩了一腳，覺得腳下動了一下，他以為草下臥著一隻狗，並未在意，便被二人扶到了樓下。

其實，章惇知道自己誣害蘇軾之罪已冒天下之大不韙，被天下人所不齒！他看到章援領著蘇軾等人向樓上走來時，想找個地方躲一躲，忽見梯旁曬著一堆穀草，便悄悄鑽在裡邊，避免了一場尷尬。

第二天，蘇軾再去戍樓看望他時，發現那裡已經人去樓空了，沒有看到那張葫蘆臉，他自言自語地說道：「敢殺人的章子厚，怎麼不敢見見同遊終南山的老朋友了呢？」

3

離開雷州北上，一路上不斷接到詔令。剛到廉州，詔令已到：改任舒州（今安慶）團練副使，永州安置（湖南零陵），一家人又奔湖南而去。到達廣州時，聽說秦觀也已被赦：恢復宣德郎，放還。誰知他到了藤州與友人同遊光華亭時，說他夢中填了一詞，說完，竟含笑而逝！

蘇軾聽了，極為悲痛。這位才華橫溢的詩人好不容易熬出了頭，卻死在了北歸的路上，老天不公啊！

當他乘船到了永州時，誥命又來了：恢復蘇軾朝丞郎提舉成都玉局觀，可自由居住。

他想去常州宜興定居，於是，調頭向東而去。到了虔州時，因江水枯竭，不能行船，逗留了兩個多月。誰知當地發生疫情，隨船而行的家人中有六人染上了瘟疫！蘇軾雖未染病，但因忙著為當地百姓診脈、開方、配藥、熬藥，整整忙了兩個多月！由於操勞過度，又染上了痢疾，身體十分虛弱。

九死一生的蘇軾到達常州時，常州百姓們奔相走告，紛紛趕到江邊，想看看他們心目中的詩人。

坐在船艙中的蘇軾聽到岸上的歡呼聲之後，讓家人幫他梳了梳滿頭的白髮，穿上緋色的朝承郎的官服，讓家人扶到船板上，微微笑著向大家頻頻招著手。岸上的百姓看到骨瘦如柴的詩人時，高呼著他的名字，有人低聲哭泣起來。

為了留住這位可敬可愛可泣的詩人，常州城最優秀的郎中帶著最貴重的藥物來了，書畫博士米芾帶著為他作的畫來了，曾被逼著還俗的參寥大師來了，放棄仕途回家務農的李端叔來了，徑山寺長老還送來了一棵碩大的千年紫靈芝……，人們在他的病塌前看望他、安慰他，談笑風生；離開時，卻淚流滿面、泣不成聲。

蘇軾的病情日見加重了，他每天腹瀉數十次，已經臥床不起，但神志十分清醒。他將蘇邁叫到榻前，說道：「邁兒，我的墓誌，請你叔叔撰寫，與你們的母親合葬……嵩山……小峨眉山上……。」說完，感到太累了，又昏睡過去。

七月二十日，人們久盼的喜訊終於傳到了常州，朝廷下詔：蘇軾以本官致仕！也就是官復原職。

蘇邁將詔書念給他聽時，他對守在旁邊的人淡淡一笑，吟哦道：

心似已灰之木，身如不繫之舟。

問汝平生功業，黃州惠州儋州。

吟哦完了，便安詳地睡著了……。

▌參考文獻

康震：《康震評說蘇東坡》（北京市：中華書局，2008年）

蘇軾：《蘇東坡全集》（北京市：北京燕山出版社，2009年）

曾棗莊：《蘇東坡詞全編》（成都市：四川文藝出版社，2007年）

康橋、王坤：《我要笑傲人生：蘇東坡》（上海市：上海遠東出版社，
　　　　　2009年）

李國文：《走近蘇東坡》（北京市：東方出版社，2008年）

李一冰：《蘇東坡大傳》（北京市：九洲出版社，2006年）

達亮：《蘇東坡與佛教》（成都市：四川大學出版社，2009年）

蘇軾著，劉文忠評注：《東坡志林》（北京市：中華書局，2007年）

方志遠：《千古一人蘇東坡》（北京市：中國社會出版社，2009年）

史鈞：《蘇東坡這個人》（南京市：江蘇文藝出版社，2009年）

吳越：《蘇東坡的雜耍人生》（北京市：東方出版社，2008年）

東方龍吟：《解讀蘇東坡：女性情感》（南京市：江蘇文藝出版社，
　　　　　2006年）

陳中浙：《蘇軾書畫藝術與佛教》（北京市：商務印書館，2004年）

聶作平：《蘇東坡遊傳》（上海市：上海社會科學院出版社，2006年）

王琳祥：《蘇東坡謫居黃州》（武漢市：華中師範大學出版社，2010年）

洪亮：《放逐與回歸：蘇東坡及其同時代人》（南昌市：百花洲文藝出
　　　　版社，2005年）

林語堂：《蘇東坡傳》（天津市：百花文藝出版社，2000年）

昌明文庫·閱讀人物　A0603019

你所不知道的蘇東坡　下冊

作　　　者	劉敬堂	
責任編輯	蔡雅如	
發 行 人	陳滿銘	
總 經 理	梁錦興	
總 編 輯	陳滿銘	
副總編輯	張晏瑞	
編 輯 所	萬卷樓圖書股份有限公司	
排　　版	菩薩蠻數位文化有限公司	
印　　刷	百通科技股份有限公司	
封面設計	菩薩蠻數位文化有限公司	

出　　版　昌明文化有限公司

桃園市龜山區中原街 32 號

電話　(02)23216565

發　　行　萬卷樓圖書股份有限公司

臺北市羅斯福路二段 41 號 6 樓之 3

電話　(02)23216565

傳真　(02)23218698

電郵　SERVICE@WANJUAN.COM.TW

大陸經銷

廈門外圖臺灣書店有限公司

　　電郵　JKB188@188.COM

ISBN 978-986-94917-9-2

2018 年 1 月初版二刷

2017 年 5 月初版

定價：新臺幣 420 元

如何購買本書：

1. 劃撥購書，請透過以下郵政劃撥帳號：

　帳號：15624015

　戶名：萬卷樓圖書股份有限公司

2. 轉帳購書，請透過以下帳戶

　合作金庫銀行　古亭分行

　戶名：萬卷樓圖書股份有限公司

　帳號：0877717092596

3. 網路購書，請透過萬卷樓網站

　網址　WWW.WANJUAN.COM.TW

大量購書，請直接聯繫我們，將有專人為您

服務。客服：(02)23216565 分機 10

如有缺頁、破損或裝訂錯誤，請寄回更換

版權所有·翻印必究

Copyright©2018 by WanJuanLou Books CO., Ltd.

All Right Reserved　　　　　　**Printed in Taiwan**

國家圖書館出版品預行編目資料

你所不知道的蘇東坡 ／ 劉敬堂著. -- 初版. --

桃園市：昌明文化出版；臺北市：萬卷樓

發行, 2017.05　　冊；　　公分. -- (昌明文庫. 閱

讀人物；A0603019)

ISBN 978-986-94917-9-2(下冊 ： 平裝)

1.(宋)蘇軾 2.傳記

782.8516　　　　　　　　　　106008402

本著作物經廈門墨客知識產權代理有限公司代理，由中國紡織出版社授權萬卷樓圖書
股份有限公司出版、發行中文繁體字版版權。